図解

お坊さんが教える イライラがスーッと消える方法

法恩院住職
鳥沢廣栄

彩図社

はじめに

ストレス社会といわれて、いったいどれくらい経つのでしょうか。

朝起きて寝不足にイライラし、通勤時の満員電車や渋滞でイライラし、会社で上司や部下、同僚などの人間関係でイライラし、物事がうまくいかないがためにイライラし、家庭に戻れば家族の言動にイライラし……。

多くの人々が、多くのストレスやイライラを抱え、日々生活しているのが現代社会です。これでは、心も身体も大変ですね。

そうした生活を送っている方々から、私はよく言われます。

「お坊さんっていいですね。イライラすることなんてないでしょ。そういう顔していますよ」

と。

そんなことはないのですよ。お坊さんだってストレスはあるのです。ですから、私はこう答えています。

「いえいえ、私にもストレスはあります。イライラすることだってありますよ。ただね、その気持ちとうまく付き合うことができるだけなのです」

そう、仏教の考え方を身につければ、イライラを解消できる暮らしが可能なのです。

とはいえ、特別な修行が必要なわけではありません。仏教的考え方を学び、実践してみればいいのです。

たとえば、仏教では、

「すべての現象には原因がある」

と説きます。

結果があれば、その結果をもたらした原因があるということですね。

そして、その原因がわかれば、原因をなくすこと、あるいは何らかの手立てをすることにより、結果を善い方向に変えていくことができる、とも説きます。

この仏教の教えに従えば、今あなたが抱えているイライラにも、必ず原因があるということになります。そうであるならば、その原因を突き止め、何らかの対処をすれば、イライラを解消することができるのです。

本書では、さまざまな角度からイライラを解消する方法を解説していきます。

本書を読むことで、仏教的考え方を身につけ、みなさんがイライラと無縁の生活を手に入れていただければと思っています。

1章 お坊さんが教えるイライラを鎮める方法

2章 会社や職場でイライラしたときの対処法

もくじ

4章 日常生活でイライラしたときの対処法

5章 自分自身にイライラしたときの対処法

1章

お坊さんが教える イライラを 鎮める方法

高野山で修行を積み、現在は住職として活動している著者が、現代社会の大きな問題のひとつである「ストレス」や「イライラ」を鎮める方法についてやさしく解説します。

イライラは自分が作り出している

イライラは
「思うようにいかない」という
ところから発生している
ものなのです

思い通りにならないから イライラする

なぜ、人はイライラしてしまうのでしょうか？

相手が上司であれ身内であれ、自分のミスを注意されたり指摘されたりすると、人はイライラしたり落ち込んだりします。

そして最もイライラするのは、「自分でもダメだとわかっていることを、自分が嫌い（苦手）な相手や身内から、頭ごなしにキツイ言い方で指摘されるとき」でしょう。

ポイントは、「自分でもわかっているのにできない」というジレンマです。**自分でダメだとわかっている部分を何とかしなければと焦っている自分**がいるからではないでしょうか。

ということは、イライラの原因は、ただ単に注意されるから、ということではなく、その前に**「思うようにならなくて焦っている自分がいる」**というところにあるのでしょう。

自分の期待や望み、想像など、思い描いていたことと異なると、人はイライラしてしまうのですね。

それは、裏を返せば、心のどこかで「世の中は、自分の思い通りになる（なってほしい）」と思っているということです。

心の底から、世の中は思い通りにならないとわかっていれば、望んだ結果にならなくても、いやな気持ちになることはありません。

そう、**人は「自分が思っている通りの結果が得られる」と、どこかで思い込ん**

イライラが発生するしくみ

自分でも
改善しようとしているが
なかなか進まない

↓

焦りでイライラし始める

↓

そんなときに
指摘や注意を受けると…

イライラが爆発

ポイントは
自分でもわかっているのにできない
というジレンマ

イライラを作り出しているのは自分自身

でいるのです。

そしてそれこそがイライラを生むことにつながっているのです。

根本原因は自分の中にある

仏教では、そもそも「この世は苦の世界である」と説きます。

この世に生まれた以上、誰も「四苦八苦」の苦しみを避けることはできないのです。

お釈迦様は、この世には、誰も避けられない、自分の思いの通りにはならないことがあるのだ、と教えたのです。

人は、どうしようもないことを心のどこかで思うようにしたいと願っています。しかし、この世に自分の思い通りにならないことは数多くあります。当然、「四苦八苦」も、思うようにはなりません。

それでも心のどこかで思うようにしたいと願い、悪あがきをするから、イライラするのです。

そう考えると、**イライラを作り出しているのは自分自身**ということになります。

つまり、イライラの根本原因は、自分の外にではなく、自分の中にあるのです。

積極的あきらめの勧め

「この世は思い通りにはならない」という「積極的あきらめ」がイライラの最大の対処法なのです

この世は苦の世界だと認識することから始まる

イライラの原因は、自分の思い通りにならないことをなんとかしようと悪あがきをするところに生まれてくるものである、とお話しいたしました。

ならば、この原因をなくしてしまえば、イライラもなくなりますね。思い通りにならない、という思いを消し去ってしまえばいいわけです。

それには、仏教の考え方を身につけることが大変効果的だと思います。

そうするためには、まず、お釈迦様が説いているように、**この世は苦の世界である**、ということを認識することから始まります。

決してこの世は楽な世界ではない。そしてそれは仕方がないことなのだと理解することが重要なのです。

なぜなら、四苦八苦はこの世に生まれた以上、誰もが決して避けることができないこと、と決まっているのですから。

自分のことも自分の周りのことも、思うようにならないのが、この世なのです。

これを認識し、理解することが、仏教的生き方の第一歩ですね。

これを実践すれば、イライラすることはありません。なぜなら、どのようなことに対しても、初めから「思うようにはならない」とわかっているからです。

この世は、何もかも自分の思い通りにはならないと理解し、納得していれば、焦ったり、感情的になったり、妬んだり、苛立ったり、怒ったりすることはなくなるので

自分のことも
自分の周りのことも
思うようにならない

しかし
自分だけでなく
誰でもそう

仏教的生き方の第一歩

仕事でうまくいかなくても…

↓

まあ、思うように
ならない世界だからな

人間関係でいやなことが起こっても…

↓

まあ、
そういうこともあるさ

イライラしても…

あぁ、いけない、いけない。
この世は思い通りには
ならないものだ

落ち着こう。
落ち着いて考えよう

自分の感情をコントロールできるようになる

す。これが仏教的生き方の基本です。

先を見据えて積極的にあきらめる

それはあきらめではないのか、と思われるかもしれません。しかし、一般的にいう「あきらめ」とは、まったく異なるのです。

一般的な「あきらめ」は、捨て鉢的なあきらめでしょう。「もういいや、もうどうにでもなれ。どうせダメだ」という、マイナス思考ですね。この場合のあきらめは先がありません。本当に「もう終わり」です。

しかし、「この世は思い通りにはならない世界だ」と認識することには、先があるのです。そこで終わっているわけではありません。

「この世は思い通りにはならない世界だ。**だからこそ、イライラしたり、羨んだり、恨んだりなどと感情的にならないように生きていこう**」というのが仏教的生き方、言い換えれば「**積極的あきらめ**」なのです。

イライラに対処する最も有効な方法は、「この世は思い通りにはならないものだ」ということを認識し、しっかり理解することなのです。

1章　お坊さんが教えるイライラを鎮める方法

注意してくれる人はありがたい

増上慢になっては
いけません
注意されるからこそ
成長できるのです

イライラの原因を一人で考えてみる

イライラしているときは、頭に血が昇っている状態と言っていいでしょう。

そのようなときは、まずは気持ちを落ち着かせ、頭を冷やすことが大事です。冷静になれば、なぜ苛立っていたのかを分析できるからです。

イライラすると思ったら、まずは深呼吸をしてみることです。そして、できればその場を離れることです。

一人になることができれば、理想的でしょう。一人になって、**「なぜ、イライラしたのか」を考えてみることです**。

いやなことを言われたことが原因ならば「チェッ、くそったれ」などと小声で悪態をついてもいいでしょう。そして、「はぁ……、思うようにはならないな」とつぶやいてみましょう。

気持ちが落ち着いてくれれば、「この世は思うようにはならないものだ」ということが認識できるでしょう。そうすれば**「だったら少しでもうまくいくように努力しようか」**という気持ちにもなれるのです。

「それはわかるが、なかなか感情がおさまらないのです」という方もいるでしょう。

そういうとき、少しでも、冷静になれるよう、その心得を説いておきましょう。

注意するのは相手を思ってのこと

仏教には、たくさんの戒律があります。

注意をうけるとイライラするが…

ちぇっ…
愚痴っても
かまいませんよ
注意をしてくれる人は
宝物がどこにあるかを
示してくれる人と
同じなのです
ただ
増上慢には
ならないように
お釈迦様
思うようには
ならないなあ
だったら
少しでもうまくいくように
努力しようか

男性の僧侶で約２５０、女性の僧侶（尼僧）で約３５０の戒律があります。

なぜこれほど戒律が増えたかと言いますと、それだけ注意を受けた弟子がいたからなのです。注意事項がそのまま、戒律になったのですね。

注意しなければ、その弟子が横道にそれてしまい、悟りを得るどころか、下手をすれば教団追放にもなりかねません。それを避けるために、お釈迦様は辛抱強く注意を重ねていったのです。

注意する人は、相手のことが憎くて注意しているのではありません。少しでもその人がうまくいくようになればいいと思って注意するのでしょう。

注意してくれることは、ありがたいことなのです。

お釈迦様は、注意を聞き入れない者を**「増上慢」**と呼び、決して増上慢にはならないようにと注意していました。

注意されてイライラしたら、ちょっと席を外し、深呼吸などして、**「注意してくれる人は親切な人」**ということを思い出してみてはどうでしょうか。

そうすれば、なぜ注意されたかが理解できるのです。それは、自分にとって大いにプラスになることだと思います。

1章　お坊さんが教えるイライラを鎮める方法

プライドを捨て、未熟者を自覚する

プライドがあるから
反発心が生まれるのです
自分が未熟者であることを
自覚しましょう

「自分は間違っていない」という勘違い

ここで少し、私自身の話をさせていただきたいと思います。

私のお寺は、いわゆる信者寺です。檀家さんがなくて、信者さんだけで成り立っているお寺です。

信者さんは、様々な悩みを抱えて寺にやってきます。そして、お寺で話を聞いて、考え方や生き方を変えていくわけですね。

ですから、大事なのは相談に訪れる方に対する「お話」なのです。その方たちが納得できる話ができなければ、意味をなさないのです。

しかし、住職になりたてのころは、信徒さんの私の話に対する反応はとても冷ややかでした。はっきりと、「現実はそういうわけにはいかないですよ」と言われることもありました。

それでも、自分は間違ったことは言っていない、正しい教えを説いているのに聞かない方がいけないのだ、と自分を曲げずにいたのです。また、「自分は高野山で修行して阿闍梨になったのだ」という、自惚れも強かったのです。

そうしたことが原因で、胃潰瘍・十二指腸潰瘍になり、医者から「性格が悪い」と指摘されてしまいました。

そのときから初めて、**「自分は間違っていたのではないか」**ということを考えるようになりました。

そして、**「なぜ、こんなにもイライラしているのだろう」**ということを考えるようになったのです。

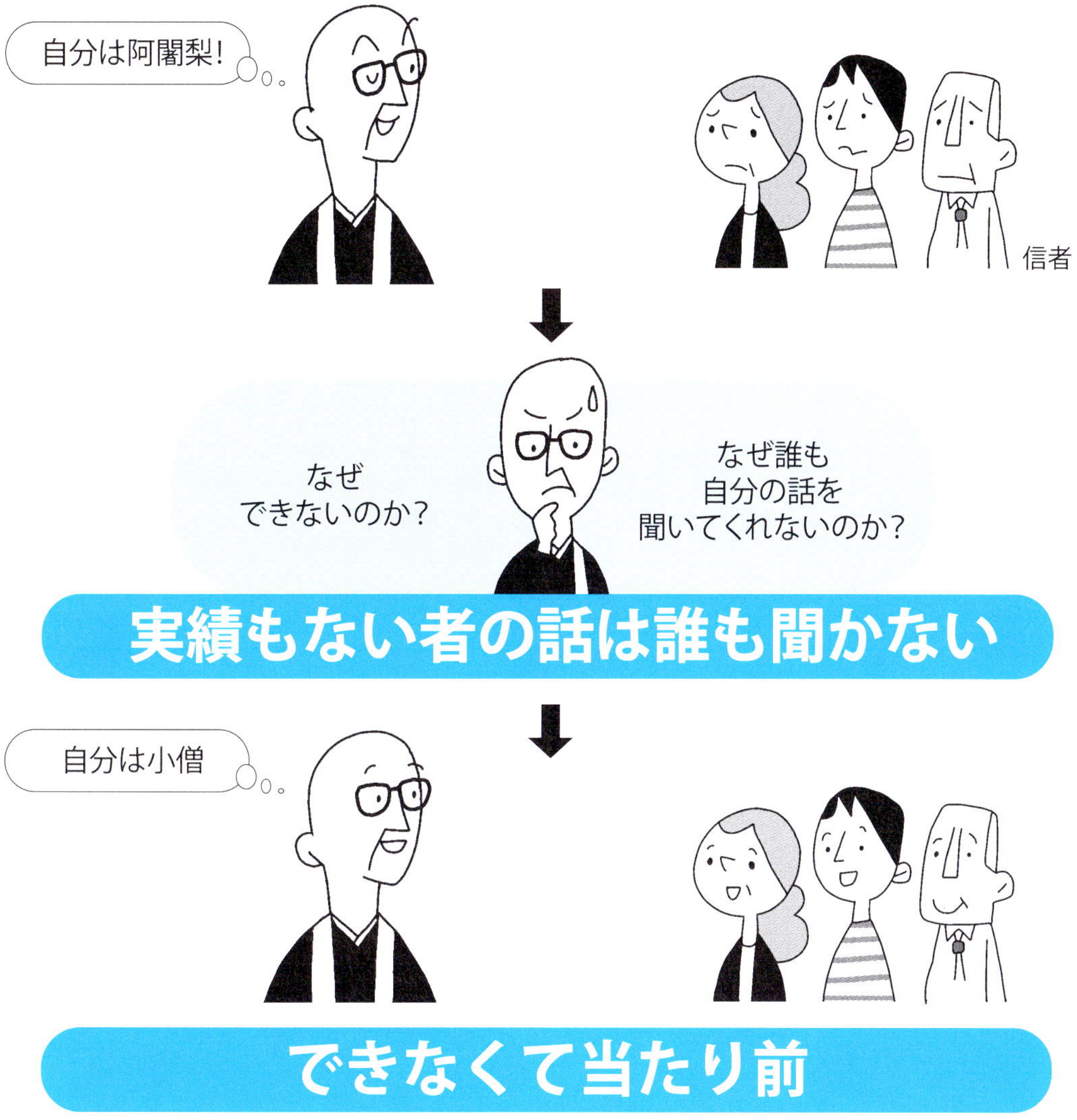

未熟者であると思えば イライラは消える

なぜ、イライラしているのか。

その答えは簡単です。**誰も私の話を聞いてくれないから**です。誰も私を大事に扱ってくれないからです。

実績もない者の話など誰も聞かないのは当然でしょう。しかし、当時はその当然のことすらわからなかったのです。自分は修行をしてきたのだ、という自惚れが強かったからですね。反省しました。

そこで、まず「修行した阿闍梨である」ということを忘れました。つまり自負心やプライドを捨てて、「自分は小僧なのだ」という自覚を持とうと思ったのです。

自分は小僧であることを素直に受け入れると、小僧なのだから未熟者なのだ、そして、**未熟者だからこそできなくて当たり前だ**、と思えるのです。

すると、注意されても、「そうなんですか、知りませんでした。以後気を付けます」と言えるようになるのです。

「プライドを捨て、未熟者であると自ら認めること」は、イライラ防止の第一歩でしょう。

1章　お坊さんが教えるイライラを鎮める方法

他人に期待しない、あてにしない

他人に期待をするから
イライラしてしまうのです
自分で行動したほうが
よっぽど確実で早いのです

他人に期待するより自分で動いた方が早い

他人は、あてにはなりません。

いろいろ自分のことを話しているからといって、「この人は自分のことを理解してくれるだろう」などと思っていたら、大間違いですね。

たとえば、私が信者さんに対して、こうしてほしいと思うことがあったとします。

そこで、比較的よく話をしている信者さんで、私のこともわかってくれていると思われる人に相談し、みなさんに伝えてもらうようにお願いしたとします。

その方は、「あなたの言っていることはよくわかるよ。わかった、みんなに伝えておくよ」と答えてくれます。

そう言ってもらえれば、こちらとしては期待して待っています。

ですが、返ってくるのは、**「一応、伝えておいたからね」**の一言だけなのです。

そこで、イライラして「話が違うじゃないか」などと言おうものなら、「うるさい。若僧のくせに。何もわかってないくせに偉そうなことを言うな」と返ってくるだけです。

これはショックが大きいですよね。期待していた分、衝撃は大きくなります。自信を無くしますし、立場も悪くなりますし、胃がキリキリと痛むこと間違いなしです。

他人がやってくれる、と期待するよりは、自分で動いた方が早いし、確実です。

特に他人を介して、別の他人を動かそうなどということは、無理な話だと思ったほうがいいでしょう。

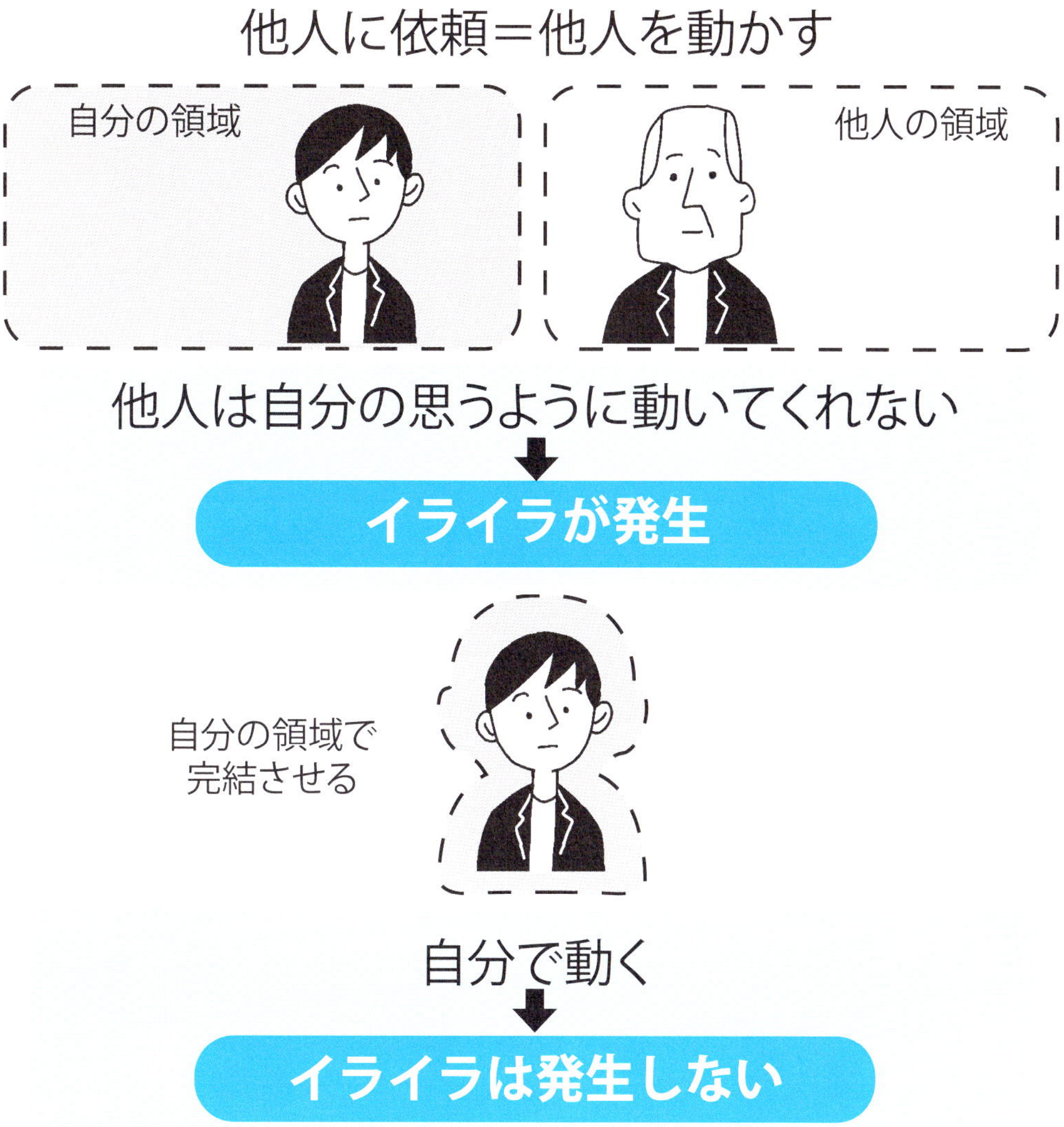
他人に依頼＝他人を動かす
自分の領域
他人の領域
他人は自分の思うように動いてくれない
イライラが発生
自分の領域で
完結させる
自分で動く
イライラは発生しない

誰もが自分が一番大事

このことが理解できるようになるには、随分と時間がかかりました。ついつい、人をあてにし、自分を理解してくれるのではないか、と期待してしまっていたのです。

しかし、そのたびに期待外れで、意気消沈したり、イライラしたりの繰り返しでした。胃も痛むはずですね。

悟ったあとは、ものすごく気持ちが楽になりました。それ以来、他人に期待しなくなったからです。

これは、家族にも当てはまります。奥さんやご主人に期待してはいけません。「これくらい、言わなくてもわかってくれるだろう」では、ダメなのです。

お子さんにも期待してはいけません。過度な期待は、お子さんに大きなプレッシャーをかけ、せっかくの才能をつぶすことにもなりかねません。

周囲の人への期待はやめましょう。他人をあてにするのは、やめましょう。誰もが、自分が一番大事なのです。

そう理解すれば、周囲の人が期待通りに動かなくても、イライラはしませんよ。

1章　お坊さんが教えるイライラを鎮める方法

いやな相手はスルーするか哀れみの目で見よう

いやな相手を
「哀れみの目」で見ることは
菩薩の目で見ていることと
同じなのです

相手は所詮、他人でしかない

図々しい人と接しなければならなかったりすると、苛立ってしまうことがありますね。

しかも、それが日常的だったり、長時間そのような人と付き合わなければならないというのは、とてもつらいことですね。

そうした場合はどうすればよいのでしょうか。

一番いいのは、見ないようにする、聞かないようにする、言わないようにすることです。

いわゆる、**「見ざる聞かざる言わざる」**ですね。つまり、無視してしまえばいいのです。

マナーが悪い人も、いやな人も、頑固な人も、**所詮は他人**です。他人なのですから、その人のために親切心などおこさない方がいいのです。

お釈迦様は、あくまでも他人の過失は見るな、と指導しています。他人の過失ばかり見ていると、自分の過失を見落とすことにもなりかねないからです。

相手は所詮他人ですから、いちいち腹を立てるよりも、見ざる聞かざる言わざる、で通り過ぎていきましょう。

所詮他人事だと無視しても、あるいは、なるべく見ないようにしようとしても、どうしても関わらなければならないこともあります。そういうときは、どのように対処すればいいのでしょうか。

実は、とてもいい方法があります。

それは、**「哀れみの目」で相手を見る**

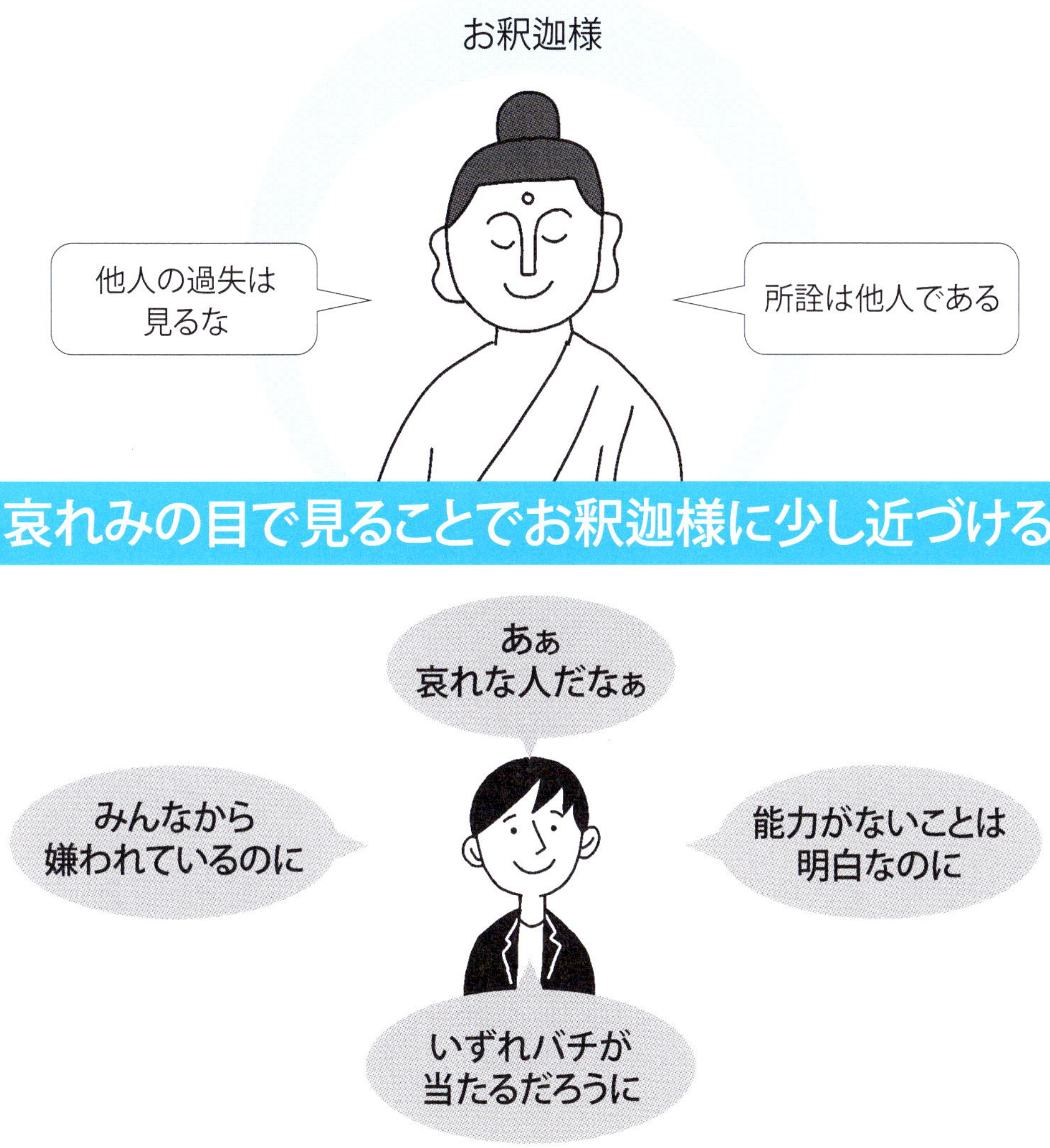

ことです。

菩薩と同じ哀れみの目で見る

いやな相手を「哀れな人だなぁ」「あぁ、かわいそうな人だなぁ」という目で見るのです。

「それは人を小ばかにしているのではないか」と思うかもしれませんが、決して小ばかにしているわけでも、見下しているわけでもありません。

哀れみの目で見る、ということは**菩薩の目で見ていることと同じ**なのです。

菩薩は、人々が苦しんでいる姿を「あぁ、なんと哀れな」という目で眺め「助けてあげよう」と、人々を救うことをします。

我々は、菩薩ではありません。ですから、人を救うことなどできません。しかし、人を哀れみの目で見ることはできます。そこだけでも、菩薩に近付けばいいのです。

何かと思うようにいかなくて、苛立つこともあるかもしれませんが、その感情が特定の人物の影響から生じているのならば、その相手を哀れみの目で眺めてみれば、気持ちも鎮まってくることでしょう。

苦行でも快楽でもない「適当」の勧め

「こうでなければいけない」という枠は捨てましょう。肩の力を抜いて自由な考え方をすれば楽になりますよ

「自分で決めた枠」はイライラのもとになる

苛立ちが周囲からの影響でもたらされるものではなく、自分自身で生んでしまっていることもあります。

不甲斐ない自分に腹が立つ、イライラする、という場合ですね。

目標が達成できないと、ものすごく悔しくて不甲斐ない自分にイライラしてしまうという方の相談を受けたことがあります。周囲の人は、「それくらい、いいじゃない」と言うのですが、当の本人は許せないのですね。

「いいわけないじゃない。よくない」と泣き叫び、家族に八つ当たりしてしまうこともあるということでした。

目標に向かって頑張ることは大切でしょう。しかし、できないからといって、イライラすることはないと思います。できなければ、また挑戦すればいいのですから。

何度やってもうまくいかずに苛立っているのなら、いっそのことその挑戦を止めてしまえばいいのです。目標を変えるのです。あるいは、目標のレベルを下げるのもいいでしょう。

自分の不甲斐なさにイライラしてしまう人は、**真面目な人**なのです。**目標が高すぎる**のですね。

本来目標というものは、低いところから順に高めていけばいいのです。

また、常日頃「自分はこうでなくてはいけない」などという、枠を決めている方が多いよう

苦行だけ・
がんばりすぎ
こうしなきゃ
いけない！
融通がきかず視野も狭くなる
快楽のみ
何もしないのが
いちばん楽
楽すぎるのももちろん×
少しいいかげん
がんばりすぎず
楽になりすぎない
まあ、いいか
今回は
やめておこう
自分で自分の
枠を
狭めなくても
いいよね
理想は適当

にも見受けられます。

その**自分で決めた枠からはみ出たり、その枠に合わないことがあったりすると、どうしようもなくイライラしたり、悩んでしまうのですね。**

たまには**「まあ、いいか」**と、少しいい加減になってもいいと思うのですが。

適度なのが一番いい

お釈迦様も、**苦行だけでは悟れない**といって、苦行を捨て去っています。

悟りに挑戦するのはいいけれど、苦行だけではダメだ、ということに気付いたのですね。

同時に、快楽だけでもダメです。

お釈迦様は、悟りに向かう修行は、苦でもなく楽でもなく、その中間だとわかったのですね。

同じように、目標に向かうのも、ただ頑張るだけではダメなのです。ましてや、頑張りすぎは逆効果になります。

少しは肩の力を抜き、**頑張りすぎず、楽にもなりすぎず、適度な状態を保つのが、理想なのです。**

イライラしたときに思い浮かべるといい
仏教の言葉

【諸行無常】

世の中は、絶えず変化しています。一つとして、同じ状態ではありません。すべての現象、事柄、物質は、刻々と状況が変わっていっているのです。

ですから、あなたをイライラさせることも、いつまでもあなたをイライラさせ続けることはありません。時間がたてば、その原因は消えてしまうことでしょう。もしくは、違う形になっているはずです。

苛立ってしまったときに、「諸行無常、諸行無常。いずれこのイライラの原因はなくなる。それまで静かにしていよう」と呪文のように唱えれば、案外気持ちが落ち着いてくるものです。

2章

会社や職場でイライラしたときの対処法

私のところに相談に来られる方の中で、会社や職場での悩みや問題を抱えている方は大勢います。ここでは、部下と上司の立場から、イライラをどのように解消していけばいいのかを見ていきましょう。

2章　会社や職場でイライラしたときの対処法

大きな声で怒鳴る上司の場合

怒られて腹が立つのは怒られた
こと自体が面白くないだけ
素直に謝って気持ちよく
次の仕事に打ち込みましょう

イライラするのは怒られたことに対して

このような上司には、素直に謝るのが一番良いでしょう。

怒鳴られたり、怒られたりすると、腹が立つものですが、そもそもミスをしたのは自分自身です。まずは、自分の未熟さを素直に認めることが大切ですね。

仏教の教えに**「如実知自心」**という言葉があります。

「実のごとく己を知る」という意味ですが、それは**自分自身の能力をよく知り、己の未熟さを認める、**ことでもあります。

怒られて腹が立つのは、怒られたこと自体が面白くないだけなのです。真実は、あなたが未熟だからいけないのです。失敗したのはあなた自身なのですから、怒られて当然で、反発する方がおかしいのです。

と、私は相談に来られる方に説きますが、そうはいっても、なかなか素直に「はい、そうですね」とは言えないものです。「そんなことはわかっています。それでもムカつくのです」というのが本音なのですね。

こうした場合のいい対処法があります。それは、**「嘘でもいいから、大きな声で謝ってしまう」**ことです。

未熟であることは大声で謝ってしまおう

たとえば、上司があなたに、「また、同じミスをしたのか！　いったい何度言っ

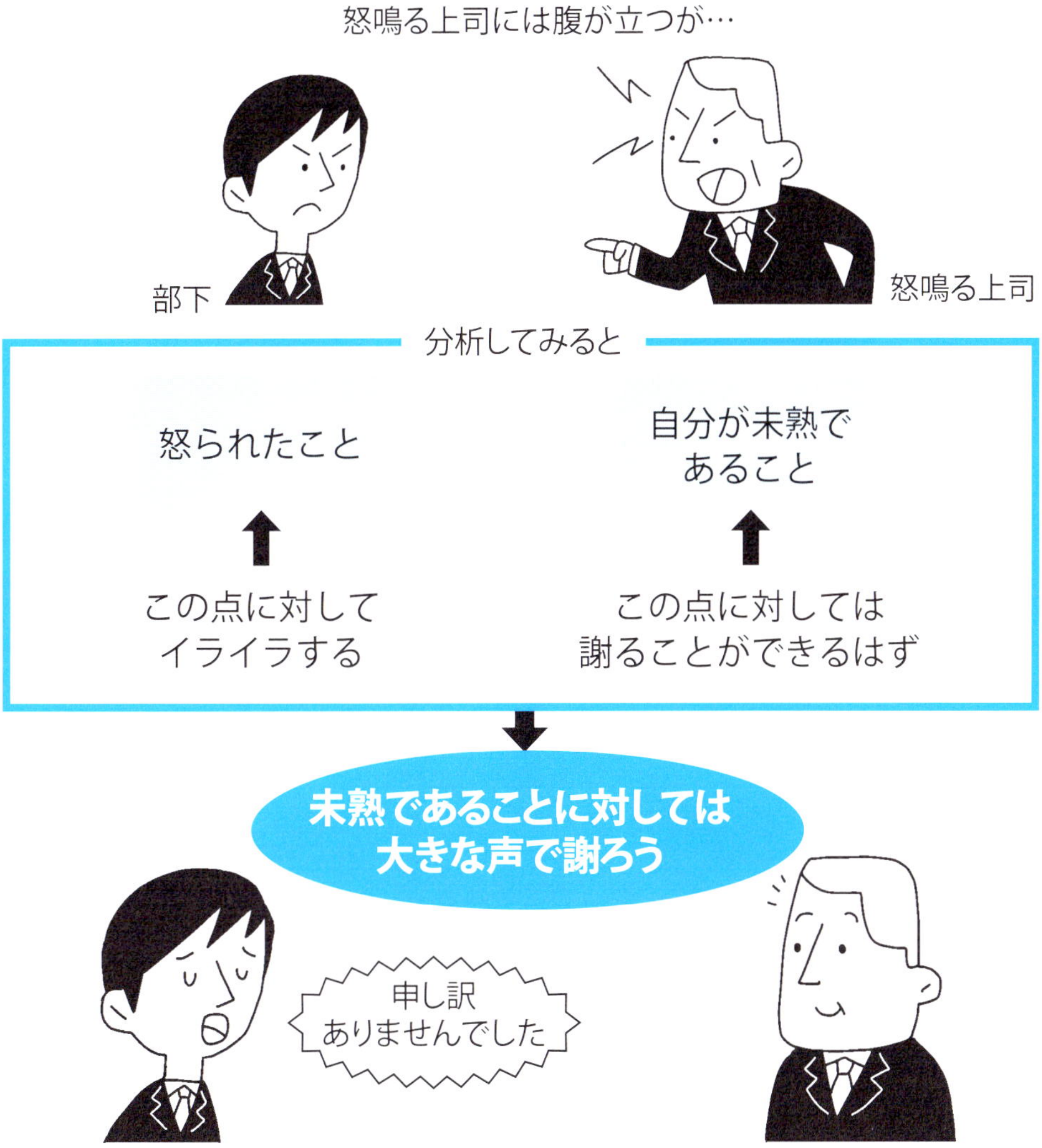
怒鳴る上司には腹が立つが…
部下
怒鳴る上司
分析してみると
怒られたこと
この点に対して
イライラする
自分が未熟で
あること
この点に対しては
謝ることができるはず
未熟であることに対しては
大きな声で謝ろう
申し訳
ありませんでした

たらわかるんだ！」と怒鳴ったとしましょう。こうした場合、たいていはその後に、「大体だな、お前はこの間も……」という長い説教が始まります。

ですので、その前に、「申し訳ございません。また同じミスをしてしまいました。すぐにやり直します。今後とも、ご指導ご鞭撻のほどお願い申し上げます」と大声で言い、頭を下げてさっさと自分の席に戻るのです。

実際、このように対処した方がおりました。上司はびっくり、周りの同僚たちも唖然としたそうですが、後々「アイツはできるヤツだ」と評価があがったそうです。

怒鳴られても、早めに謝ってしまえば切り抜けられるし、印象もよくなることがわかり、自信がついたのです。

この方法の重要なポイントは、まず**自分の未熟さを素直に認めること**と、**大声で謝る勇気**ですね。また、謝るタイミングも重要です。なるべく早めに謝って、早めに自分の席に戻り仕事をすることが大事です。

上司も周囲もびっくりして、気分がいいこと間違いなしです。あとでイライラするくらいなら、勇気をもってこの方法にチャレンジしてみてください。

2章　会社や職場でイライラしたときの対処法

ぐぐち、だらだら説教が長い上司の場合

人の性格を変えることは
できません
「哀れみの目」で見ることで
イライラを解消しましょう

いやな人だと納得し抵抗をあきらめよう

こういうタイプの上司にはうんざりしますね。いつまでもダラダラと説教が続きます。

話が終わったと思い、席に戻ろうとすると、「まだ話は終わってないよ」と、ねっとりとした目つきで睨み付けるのです。

このような上司には、本当にイライラさせられます。「しつこい！」と叫びたくなりますね。

ある相談者の上司は、まさにこのタイプでした。

その相談者は、毎日のように小さなミスを咎められては、ネチネチと説教をされていました。ここまで来るとイジメですね。

その状況に困り果てて、上司のさらに上の上司に相談しましたが、「まあ、うまくやってよ」と言われただけだったので、私のところに相談に来られたのです。

私はその方に、このように話しました。

「せっかくいい会社に入ったのに転職はもったいない。ましてや仕事を辞めても就職先がない。なので、会社を辞めるのではなく、上司に対応しましょう」

上司の性格は、もうどうしようもありません。それを部下である者が変えることなどできません。なので、一つの方法は、「この上司はこういう性格なのだ。いやな人なのだ」と**納得**し、**抵抗をあきらめる**のです。

このように伝えますと、相談に来られた方は、こう答えました。

「そう簡単にあきらめられるなら、やっていますよ。なかなかそういう気持ちになれ

説教が長い上司に対しては…
ネチネチ上司
「この人はいやな人なのだ」と納得する
抵抗をやめる
いやな人
仏様や菩薩のように哀れみの心を持つ

ないから相談に来たのです」

なるほど、もっともなことです。そこで、もう一つの方法をお話ししました。

それは、**仏様や菩薩のように哀れみの心を持つ**ことです。

性格のいいほうが哀れみの目で見る

もちろん、私たちは仏様でも菩薩でもありません。ですが、性格の善し悪しの差はあります。

意地悪な上司より、そのことにイラついている人のほうが性格はいいでしょう。ということは、性格的に問題があるその上司を**哀れみの目で見ることができる**のです。

「あぁ、この人は、いやな性格なんだなぁ。きっと家庭でも家族からいやがられているのだろうなぁ。案外、かわいそうな人なのかもしれないなぁ」と。

初めは難しいかもしれませんが、そのうちに本当に**「かわいそうな人なのだ」**と思えてきます。そうなれば、イライラもすっきり解消できます。

相談に来られた方も、次第に苛立つこともなくなってきたそうです。

2章　会社や職場でイライラしたときの対処法

口だけで仕事ができない、しない上司の場合

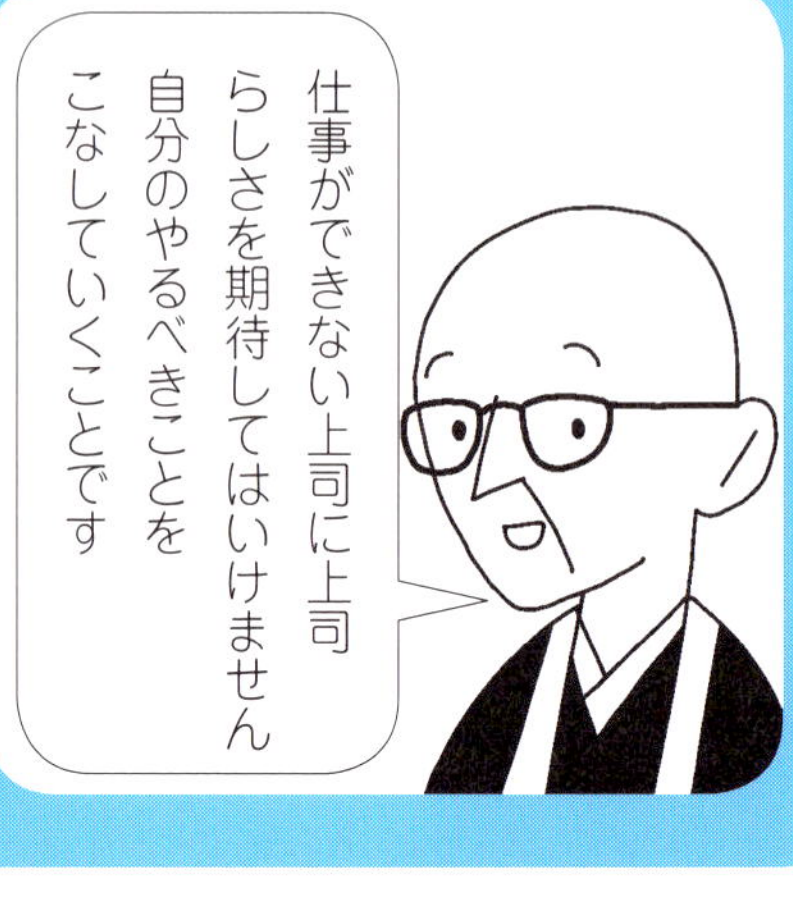
仕事ができない上司に上司
らしさを期待してはいけません
自分のやるべきことを
こなしていくことです

イライラするのは期待してしまうから

こういうタイプの上司は、どこにでもいますね。立派なことや、自慢話ばかり話しているから、さぞかし仕事ができるのだろうと思いきや、まったく仕事ができない、あるいは仕事をしないというタイプです。

この場合、自慢話は聞き流すのがベストですね。「あぁ、またいつものが始まった」程度に思い、聞き流して仕事に徹するのみ、ですね。

理想論ばかりで中身が伴わない場合も同じでしょう。話は聞き流して、自分のやるべきことをやるのです。

とはいえ、このような上司がいると、どうしてもイラついてしまうのが人間です。このような上司がなぜイラつくのか？

それは、上司だから、ということで、**上司らしいことを期待してしまう**ことにあるのでしょう。

上司だから指導をしてくれる、助けてくれる、的確な指示をしてくれる……。そう期待してしまうのです。

ところが、その期待は見事に外れ、口だけで何もしないことがわかると、イライラしてしまうのです。

そこで仏教的考え方の出番になります。仏教は本来、自己探求の教えです。周囲に何かしてもらおうというのではなく、自分で修行をして悟るのだという教えです。**悟りは、自分の力で得るもの**なのですね。

口だけで仕事をしない上司へのイラつきには、この教えを応用しましょう。

その応用が**「期待しない」**ことです。

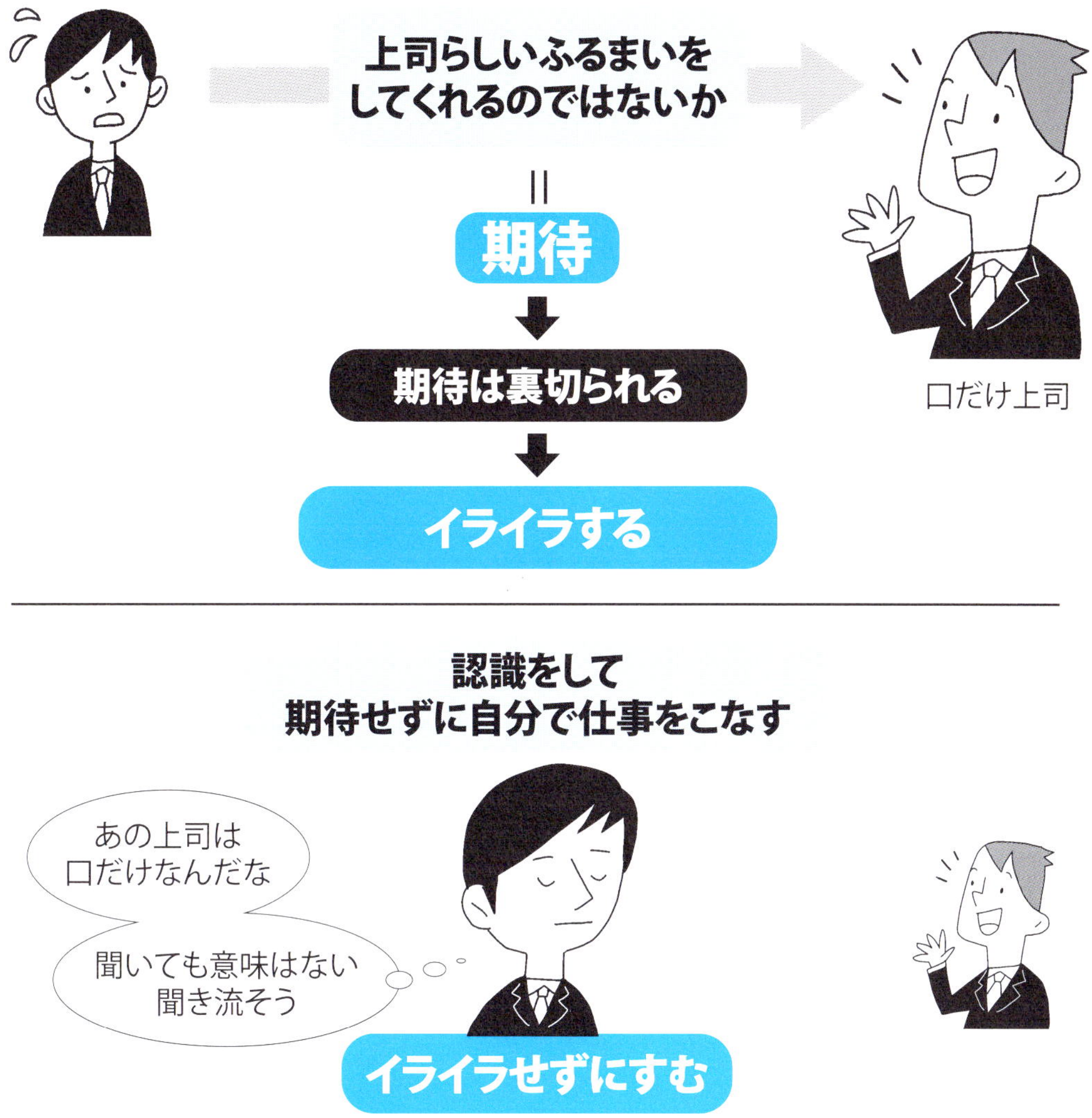

期待せず自分の力で進めばいい

この方法を実践するには、順番があります。

まずは、上司は口だけで仕事をしない、ということをしっかり認識し、理解することが大切です。

次に、その上司は仕事をしないのですから、**何も期待してはいけません**。

また、口だけなのですから、その上司が言っていることはあてになりません。ですから**聞き流しましょう**。

上司が手伝ってくれるとか、面倒を見てくれるとか、そのような上司らしいことをすると期待してはいけないのです。

上司は、何も指図はしてくれません。

仕事をこなすのは、自分の力なのです。

出家者が自分で修行をして悟るように、あなたも上司に期待せずに、自分で自分の仕事をこなしていくことです。

その決意があれば、口だけ立派なことを言って、何も仕事をせずに、文句ばかり言っている上司に行きあたっても、心は揺れ動かないでしょう。これでイライラともお別れです。

2章　会社や職場でイライラしたときの対処法

上に弱く下に強い上司の場合

上に弱く下に強い人は
気の小さな人です
まともに相手にはせず、
哀れみの目で眺めることです

まともに相手をしないのが一番

このタイプの上司は、最も接することが苦痛になるタイプですね。

このような人が、なぜ出世できたのか、はなはだ疑問に思いますが、実際にこうした人物はいるのですから困ってしまいます。まともに相手をしていたら腹が立つことばかりですね。

ここにイライラから解放されるポイントがありますね。

そう、**まともに相手をしない**ことです。つまり、上に弱く部下にだけ強い上司は、そういう人なのだ、と割り切ることです。割り切ってしまい、その上司の言うことはすべて聞き流すことです。

別れのときまで憐れみの目で見る

世の中、諸行無常です。いずれ、異動もあることでしょう。決して同じ状態が続くことはありません。その上司ともいずれ別れるときが来ることでしょう。

それまで、辛抱しながら、あきらめの境地でやり過ごすのも一つの手なのです。

と、相談に来られた方に説くのですが、やはりこれでは不服なようです。

「もう少し何か方法はありませんか」となるのが本音でしょう。

となると、やはりここは、**「哀れみの目」作戦**でしょう。上司が上役におべっかを使うたびに、部下に責任転嫁をするたびに

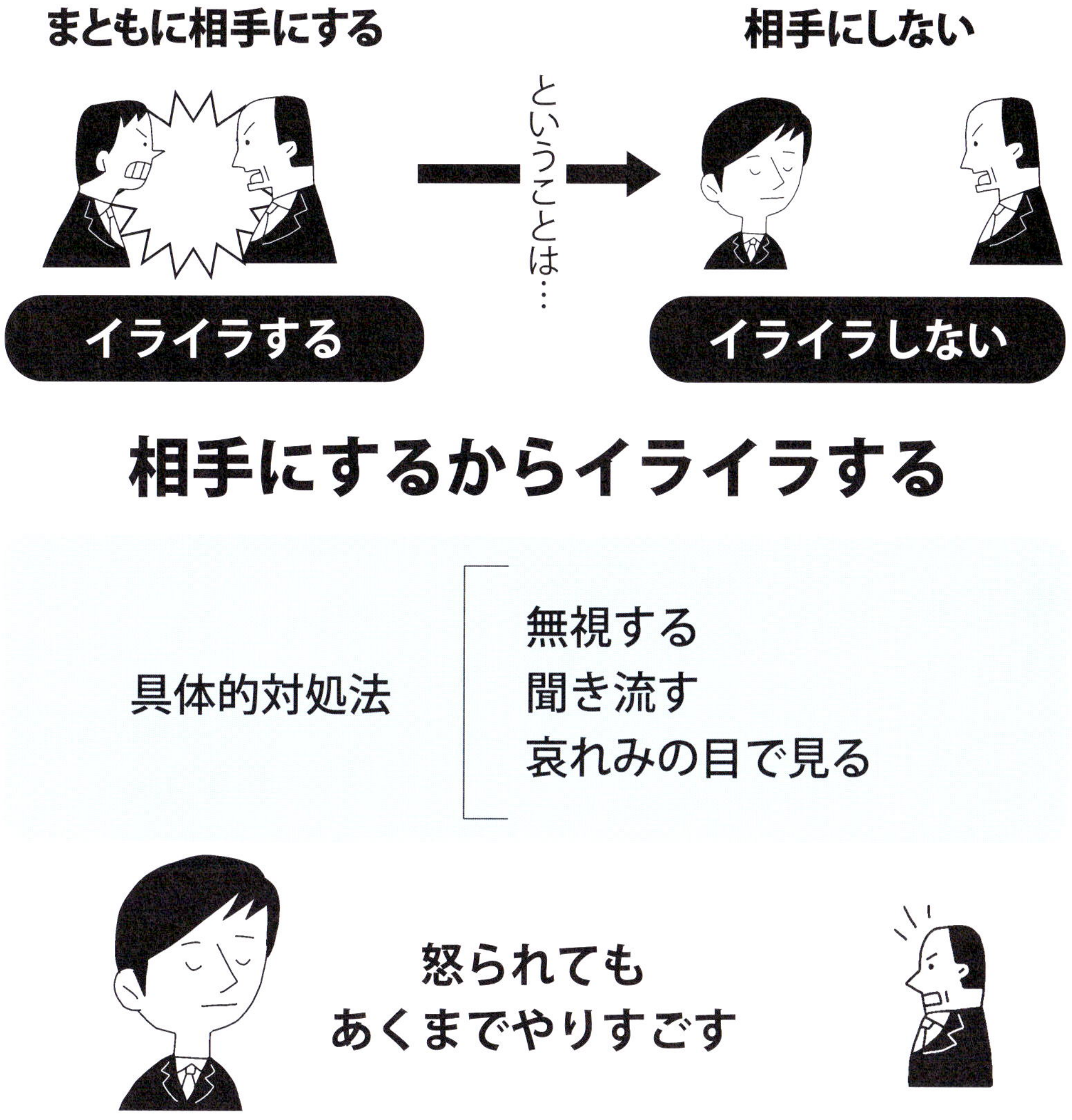
まともに相手にする
相手にしない
ということは…
イライラする
イライラしない
相手にするからイライラする
具体的対処法
無視する
聞き流す
哀れみの目で見る
怒られても
あくまでやりすごす

「哀れみの目」で眺めることです。

怒られてもやりすごす

上に弱く部下に強いという人は、大変気の小さい人なのです。周囲の評価が気になって仕方がない人なのです。自信がないのですね。

そういう人が部下から哀れみの目で眺められたら、どう思うでしょうか。部下からの評価が気になって、「なんだその目つきは！」と怒る可能性が高いですね。

そういうときは、「いえ、別に。仕事に戻ります」と**冷たくやり過ごすことです**。

ここで相手にしてはいけません。さっさと自分の席に戻って仕事に打ち込むことですね。

上に弱く下に強い上司には、**まずはまともに相手をしないこと、こんな人なのだと割り切ること、哀れみの目で眺めること**、ですね。

どんなにその上司が怒っても、この態度を通しましょう。いずれ、自分の哀れさに気が付くことでしょう。それは、その上司にとってもいいことなのですよ。

厳しい上司は菩薩である

厳しい上司は
あなたを鍛えてくれる
菩薩なのです

イライラする上司への対応法まとめ

ここまで見てきたタイプ以外にも、イライラさせられる上司はたくさん存在すると思います。

空気が読めない、段取りが悪い、ノー天気だ、お調子者だ、高圧的だ、などなど。

そうした上司にいちいちイライラしていては、身体がもちません。相手がどんな上司であれ、こちらがうまく対応すれば、落ち着いた気持ちで過ごすことができるのです。

その対応法は、**相手にしないことであり、割り切ることであり、まあ、こんなものだとあきらめる**（納得する）**ことであり、哀れみの目で眺めること**でしょう。

苦しいのは修行をしているから

また、ひとつ大切なことを忘れてはいけません。それは**注意してくれるというのは、自分の未熟さを教えてくれているということ**です。

上司に比べて経験不足であったり、仕事ができない自分に、さまざまなことを教えてくれているのです。そこは、謙虚に受け止めないといけないですね。

仏教には、**「菩薩を苦しめる者は菩薩である」**という教えがあります。

これは、「菩薩を苦しめるほどの者がいたとしたならば、それは菩薩であろう。なぜなら、それは菩薩を修行させていること

お釈迦様
修行が厳しいのは
当たり前
修行
悟りを得る
厳しい上司
仕事が厳しいのは
当たり前
ハードな仕事
有能なビジネスマンに
なれる

になるのだから」という意味です。

あなたを苦しめている上司がいたとしたら、それはあなたを鍛えてくれている菩薩なのです。そのいやな上司のもとで耐え忍べば、きっとあなたは大きな実力が身につくでしょう。

いやな上司であればあるほど、他の上司のもとに行ったときは楽に思えるでしょうし、新しい上司もあなたの出来栄えに喜ぶことでしょう。

厳しさを与えてくれることに感謝する

「厳しいいやな上司は、自分を鍛えてくれる菩薩である」と思えるようになったならば、あなたは素晴らしい財産を手に入れたことになるのです。

つまらないプライドや意地など捨てて、**「鍛えてくれて、ありがとうございます」**などと言えるようになれるといいですね。

きっと、そう言われた上司は驚いて言葉に詰まることでしょう。そのほうが、イライラするよりいいですし、仕事もきっと面白くなります。プライドや意地は捨てて、謙虚になることも大切ですね。

返事はいいが、仕事ができない部下の場合

まずは仕事内容を理解しているかを確認しましょう
ダメならば別の仕事を見つけましょう

部下に困る上司は増えている

上司にイライラさせられている方も多いでしょうが、その逆に、部下の扱いに手を焼いている方も大勢いらっしゃいます。

最近、とりわけ部下の扱いというもので悩みを持っている方が増えているように感じられます。

ここでは部下とどのように接していけばいいのか見ていきたいと思います。上司の場合と同様に、タイプ別に分けてみましょう。

軽い返事をする人はわかっていない

「はい、わかりました」と元気よく返事をする若い部下。

気持ちがいいですよね。そういう部下を見ていると、上司はついつい期待をしてしまうでしょう。

しかし、ふたを開けてみれば、まったく仕事ができていない。

こんな部下には、がっかりさせられるどころか、怒り心頭、イライラで胃に穴が開きそうになるくらいです。

そもそも、**軽く「はい、わかりました」と返事をする人ほど、わかっていないものです**。

こちらが説明をして、「うんうん」とうなずいているから、わかっているものだと思ったらそれは大間違いなのです。返事と理解は別のものだと考えましょう。

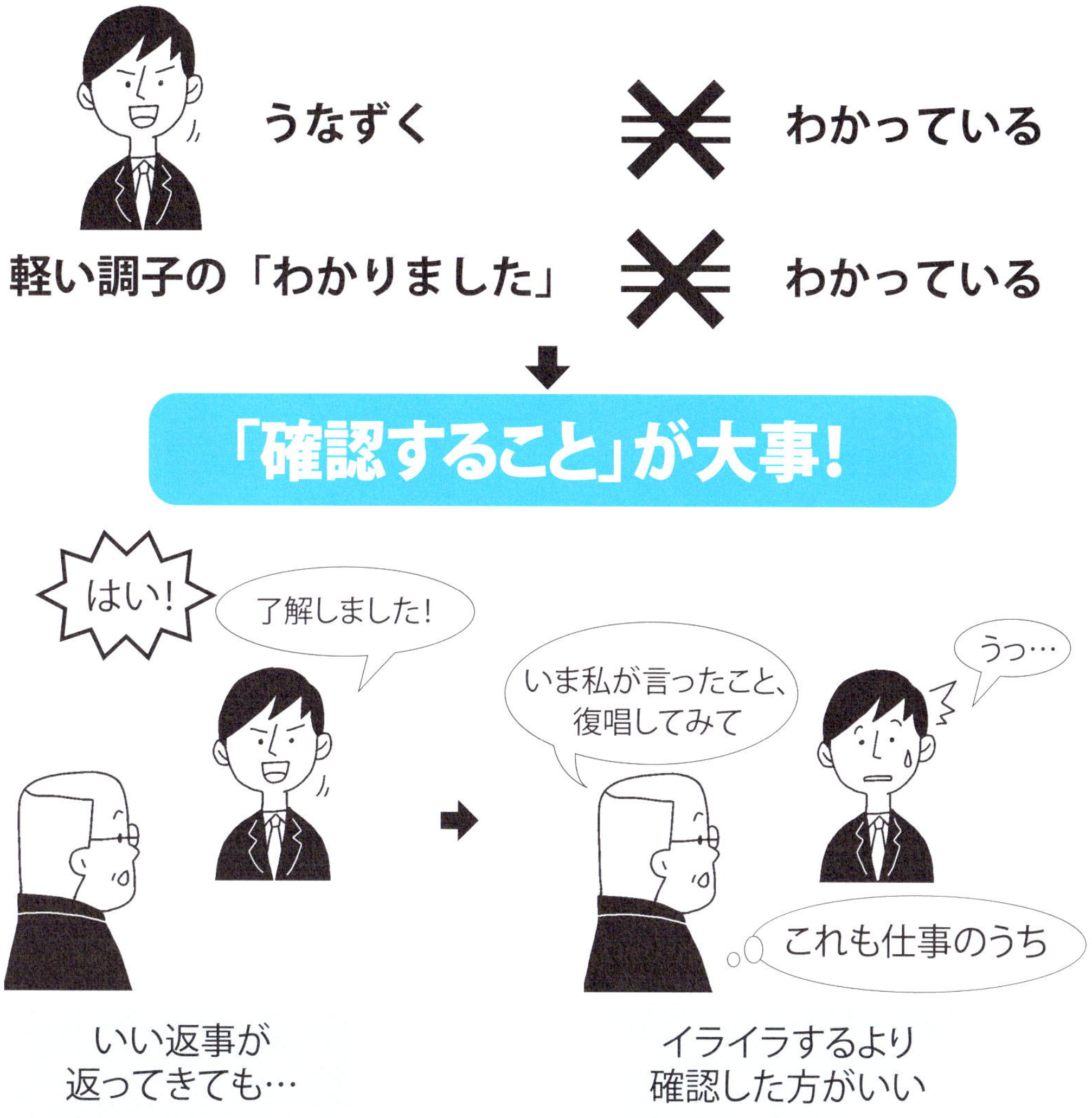

うなずく
≠
わかっている
軽い調子の「わかりました」
≠
わかっている
「確認すること」が大事!
はい!
了解しました!
いま私が言ったこと、
復唱してみて
うっ…
これも仕事のうち
いい返事が
返ってきても…
イライラするより
確認した方がいい

必ず確認をとるようにする

簡単に返事をする人は、まず内容を把握していないと思ったほうが正解です。

このようなタイプの部下を相手にする場合は、**必ず確認を取ることが大事**です。

相談に来られた上司の方にそう言うと、たいてい、「子どもじゃないんですよ。いちいち復唱させるのですか?」と言って、そんなことは、という顔をされます。

しかし、**確認しないと何も解決しないのです**。

こういったタイプは、あわて者やそそっかしい者、せっかち者が多いのです。話の途中で、他のことを考えたり、ボーっとしたりしているのです。

だからこそ、仕事ができないのでしょう。ならば、まずは本当に仕事内容を理解しているのかという確認が第一ですよね。

その次に**仕事の進め方や方法の確認**です。そのように、一つ一つ確認してあげないと、その部下は育ってはいきません。

地道な作業に苦労しますが、次世代を育てることも上司の役割ですから、それは「仕事」として割り切りましょう。

2章 会社や職場でイライラしたときの対処法

何を考えているのかわからない部下の場合

若者を理解できないと
遠ざけるのではなく
こちらから歩み寄れば
心を開いてくれるものです

育ってきた環境が違う人のことはわからない

何を言っても返事がなく、反応が鈍い人もいます。

あるいは、何を考えているのか想像ができないタイプの人もいます。

このようなタイプの人を相手にしていると、「わかっているのか、どうなんだ。返事をしろ！」と怒鳴りたくもなるものでしょう。

このような部下を抱えている上司の方は大変多いようで、みなさんは口をそろえてこう言います。

「今どきの若い者は、まるで別の生き物か、別の世界の人種としか思えない」

しかし、よくよく考えてみてください。**世代間ギャップというのは、いつの時代にもあるものです**。今に始まったことではありません。

今の若い人たちは、子どものころからパソコンがあり、携帯電話があります。TVゲームも臨場感あふれる画像になっています。アナログ世代とは、感覚が異なって当然でしょう。

子ども時代の環境が、それぞれの世代で異なるのですから、大人になっても感覚が異なるのは当然のことなのです。上司のみなさんは、まずそれを理解しておいた方がいいでしょう。

そして、自分たちも、「今どきの若者は理解不能だ」と言われたことを思い出すべきですね。

つまり、**こちら側の見方を変えることが第一の対処法なのです**。

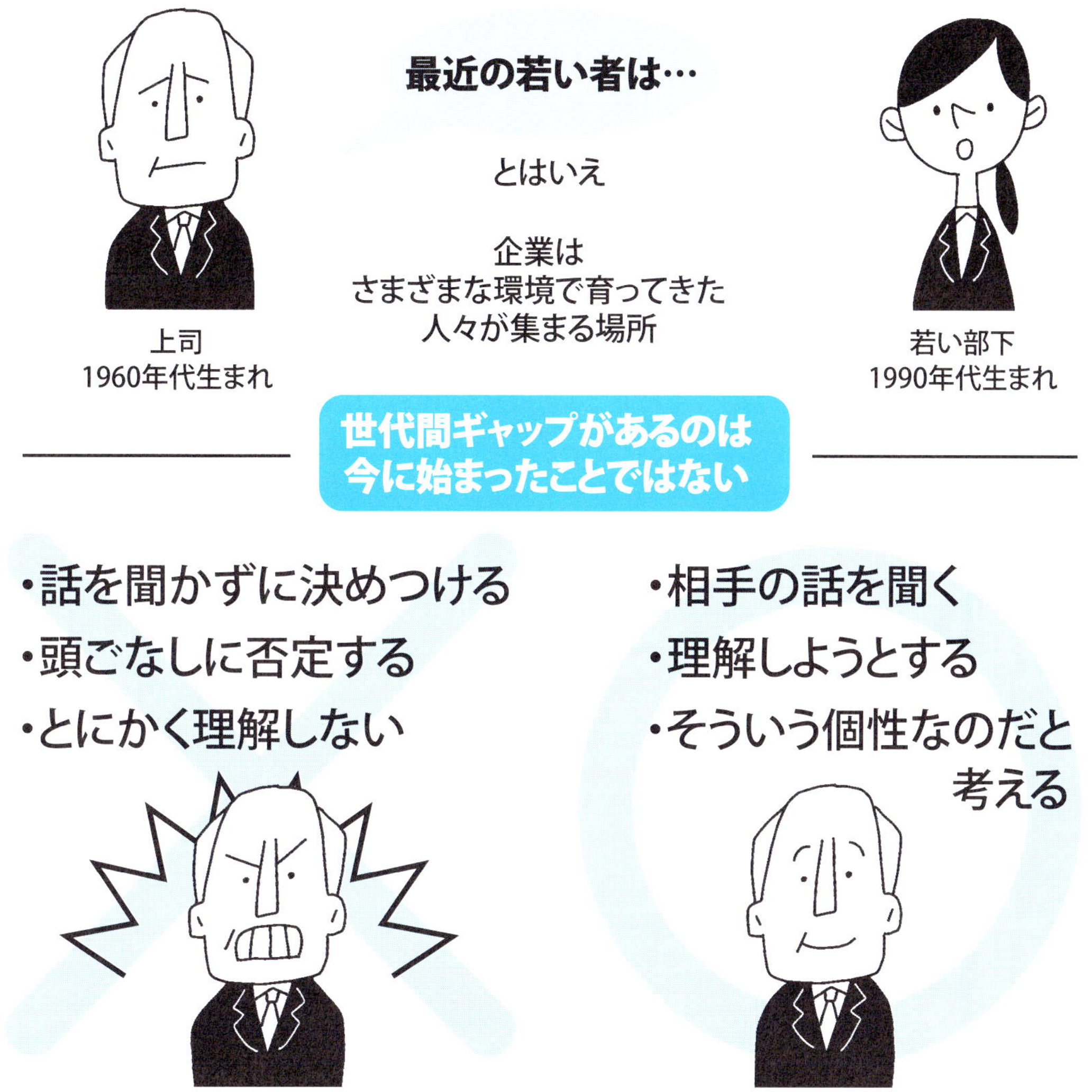
最近の若い者は…
とはいえ
企業は
さまざまな環境で育ってきた
人々が集まる場所
上司
1960年代生まれ
若い部下
1990年代生まれ
世代間ギャップがあるのは
今に始まったことではない
・話を聞かずに決めつける
・頭ごなしに否定する
・とにかく理解しない
・相手の話を聞く
・理解しようとする
・そういう個性なのだと
考える

頭ごなしに拒否せず話を聞いてみる

もう一つ方法があります。

私のお寺には、今どきの若い方たちも相談にきますが、ちゃんと話は通じます。落ち着いて、穏やかに話をすれば、彼らは決して理解不能な人種ではありません。

彼らが嫌うのは、頭ごなしに命令されたり、決めつけられたりすることなのです。

さらに、**今どきの文化を話も聞かないうちから拒否しない**ことです。

たとえば、オタク文化にしても、「気持ちが悪い。理解できない」と、詳しい話も聞かないうちから拒否しないことです。

大人たちは、いつの時代も、若者文化を「理解できない」と拒否してきました。しかし、それは「理解したくない」という気持ちから出てくる言葉なのです。

つまり、**「今どきの若者は理解できない」という言葉の原因は、実は大人側にあるのです**。

大人側が一歩若者に近づけばいいのです。大人であることを自覚し、器の大きなところを見せようではありませんか。大物ぶるほうが、部下もついてくるものですよ。

理屈ばかりで実行力がない部下の場合

理屈をこねる人の根底には
淋しさがあります
哀れみを注ぐことで
本人が気づくかもしれません

相手にせず哀れみの目で見る

とにかく理屈はこねるが、実践が伴わない部下にもイライラさせられます。

理屈は立派、筋も通っている、確かにそうだ、間違ってはいない。

ならば、その通りにその部下ができるかと言えば、「そんなことは無理です」と平気な顔で答えるのです。

「これにはまいりましたよ」と頭を抱えて相談に来られる方もいます。「どう扱ったらいいのか」とお手上げ状態です。

しかし、世の中には、考えるのは得意だけど、実践は苦手という人もいるものです。理屈は得意というのならば、そういう人には企画を任せ、実践はほかの人にやらせるのがいいでしょう。ここは、やはり**適材適所**ですね。

ただ、屁理屈ばかりこねる部下だと、イライラさせられる以外何もありません。

こういう部下に対しては、もはや**相手にしないのが一番いいです**。むしろ、**「哀れな人間だなぁ」と思ってあげたほうがいいでしょう。**

本人がその気にならなければ変わらない

何かにつけて理屈を挟みたがる人、何か一言付け加えたい人、言わなくてもいいのに一言多い人というのは、根底には淋しさがあるのでしょう。相手にしてもらいたい、認めてもらいたいという欲求があるの

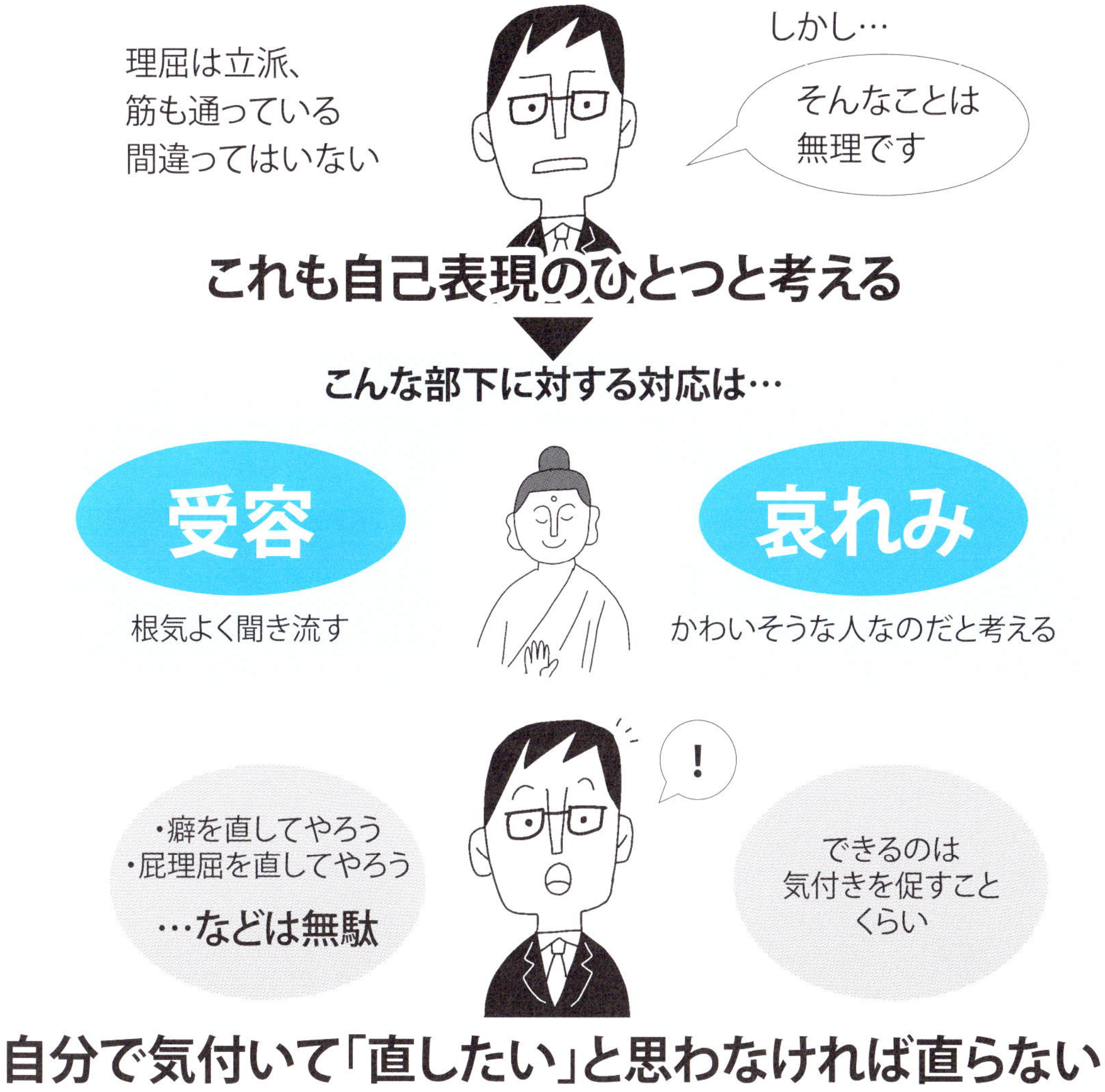
理屈は立派、
筋も通っている
間違ってはいない
しかし…
そんなことは
無理です
これも自己表現のひとつと考える
こんな部下に対する対応は…
受容
根気よく聞き流す
哀れみ
かわいそうな人なのだと考える
!
・癖を直してやろう
・屁理屈を直してやろう
…などは無駄
できるのは
気付きを促すこと
くらい
自分で気付いて「直したい」と思わなければ直らない

でしょう。いわば、**それがその人の自己アピールなのです。**

相談に来られた方にそのように話すと、その方はそれ以来、部下が屁理屈をこねると、「そういう言い方しかできないのか、お前も哀れだなぁ」という悲しそうな顔で部下をまじまじと見つめたそうです。

そうしているうちに、部下の屁理屈は減ったどころか、「私はどうしたらいいのでしょうか」と、相談にきたそうです。

こうして、その部下は屁理屈をこねることが減り、素直に気持ちを口にするようになったそうです。

イライラするよりも、哀れんであげるほうが、自分のためにも部下のためにもいいことなのですね。根気よく聞き流し、哀れみを注いであげれば、口で注意しなくても、気が付くときが来るものです。

癖を直してやろうとか、屁理屈をなくしてやろうとか、思わないことです。そうした癖や性質は、そう簡単には矯正できないものです。

本人が気付き、自分から直したいと思わなければ、直らないものです。注意するよりも、気付かせることの方が早道です。そのためには、上司側が哀れみの気持ちをもって対応することですね。

調子はいいが口だけの部下の場合

見守りつつ失敗の後始末をさせる

いわゆるお調子者ですね。この手のタイプは、たいていは仕事ができません。できたとしても、雑だったりします。

上司としては、後始末に追われますし、迷惑をかけられイライラさせられます。でも怒ってみたところで、のれんに腕押し、糠に釘。話になりません。

これも、その人の性格ですから、そうそう簡単に直るものではありません。まともに相手にしていたら、疲れてしまいます。

では、どうすればよいのでしょうか。

お調子者は、それはそれで使える場所があると思います。まずは、**そのポジションが、その部下にあっているかどうか検討してみてください**。

お調子者は、周囲からは好かれるところがあります。そこは利用してもいいのではないかと思います。ただ、行き過ぎるところがあるので、見守る必要はあるでしょう。

また、おだてには弱いので、**注意しながらほめることも重要です**。

それでも、調子に乗りすぎて失敗することがあるでしょう。上司の方々はイライラを抑えながら、取引先などに頭を下げる羽目にもなりましょう。しかし、それは最後の手段です。できるだけ、自分で処理をさせることです。

お調子者は、何度も繰り返す失敗を自分で処理していかなければ直りません。責任の自覚を持たせるためにも、**失敗の後始末はなるべく自分でさせることです**。

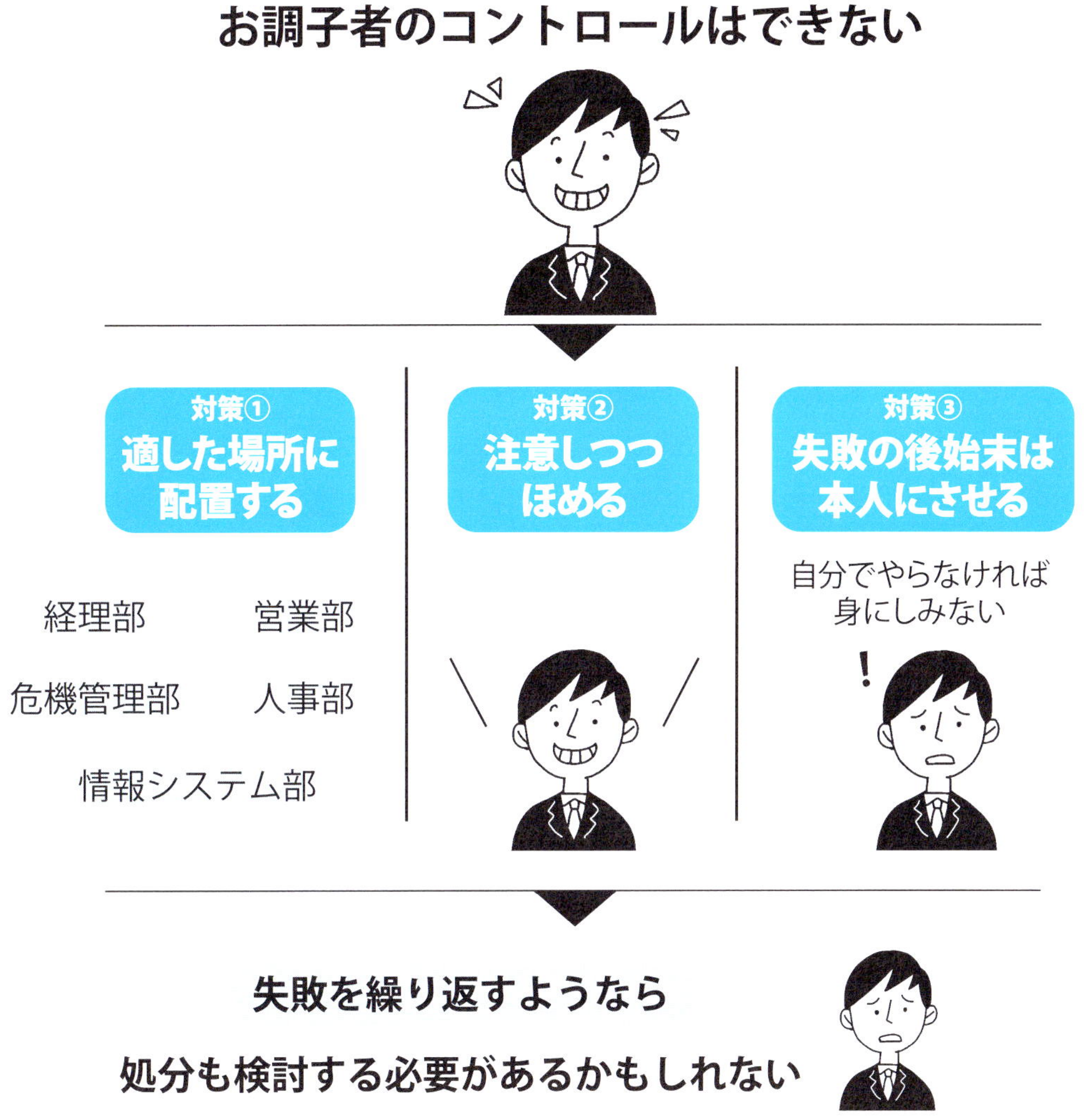
お調子者のコントロールはできない
対策①
適した場所に配置する
経理部
営業部
危機管理部
人事部
情報システム部
対策②
注意しつつほめる
対策③
失敗の後始末は本人にさせる
自分でやらなければ身にしみない
!
失敗を繰り返すようなら
処分も検討する必要があるかもしれない

お釈迦様のように見守ってあげよう

お釈迦様のお弟子さんにも、ビンドーラというお調子者がいました。

ビンドーラは、神通力が得意でした。神通力の使用は、お釈迦様から禁止されていましたが、ビンドーラは、おだてられるとついつい神通力を使ってしまい、お釈迦様から注意を受けていました。

ある日のこと、托鉢先の街でお祭りがありました。そのときにビンドーラは、周囲からのおだてに乗り、また神通力を披露してしまいます。

しかし、たまたま近くにいた妊婦さんが、ビンドーラの神通力に驚いて流産してしまいます。その結果、ビンドーラは、仏教教団から追放されてしまいました。

お釈迦様ですら、お調子者には手を焼いたのです。我々凡人が、お調子者をうまくコントロールできるはずがありません。

お調子者を相手にするときは、**お釈迦様のように、注意しながら見守ること**が必要でしょう。その上で、大きな失敗を繰り返すようであれば、お釈迦様のように処分を下すことも心得ておくことです。

2章　会社や職場でイライラしたときの対処法

上司と部下の関係はお釈迦様と弟子と同じ

まずは部下をよく観察し
その資質を知ることから
始めましょう

上司は指導力が試されている

ここまで見てきたタイプ以外にも、イライラさせられる部下はいることでしょう。扱いにくい部下に悩まされることもあるでしょうが、イライラしたところで何も解決はしません。**まずは落ち着いて考えることが大切だ**と思います。

上司と部下、経営者と社員は、お釈迦様と弟子たちの関係に置き換えてもいいでしょう。

お釈迦様は、弟子の資質を見抜き、有能な弟子をまず指導し、長老と呼ばれるリーダーを作りました。そして、長老たちは、新しく入ってくる弟子たちの指導に当たりました。

この仕組みは、会社の組織と似たようなものです。

上司は師です。部下は弟子です。そのように考えれば、師である上司は、弟子である部下をいかに指導するかが重要である、ということがわかります。

つまり、**師である上司の指導力が試され、真価が問われている**わけですね。

相手を観察し、相手にあわせて指導する

お釈迦様や長老たちは、新しく入ってきた弟子たちに対して、まずは観察することから始めます。**新しく入った弟子の資質をよく見るのです**。その上で指導方法を考えるのです。

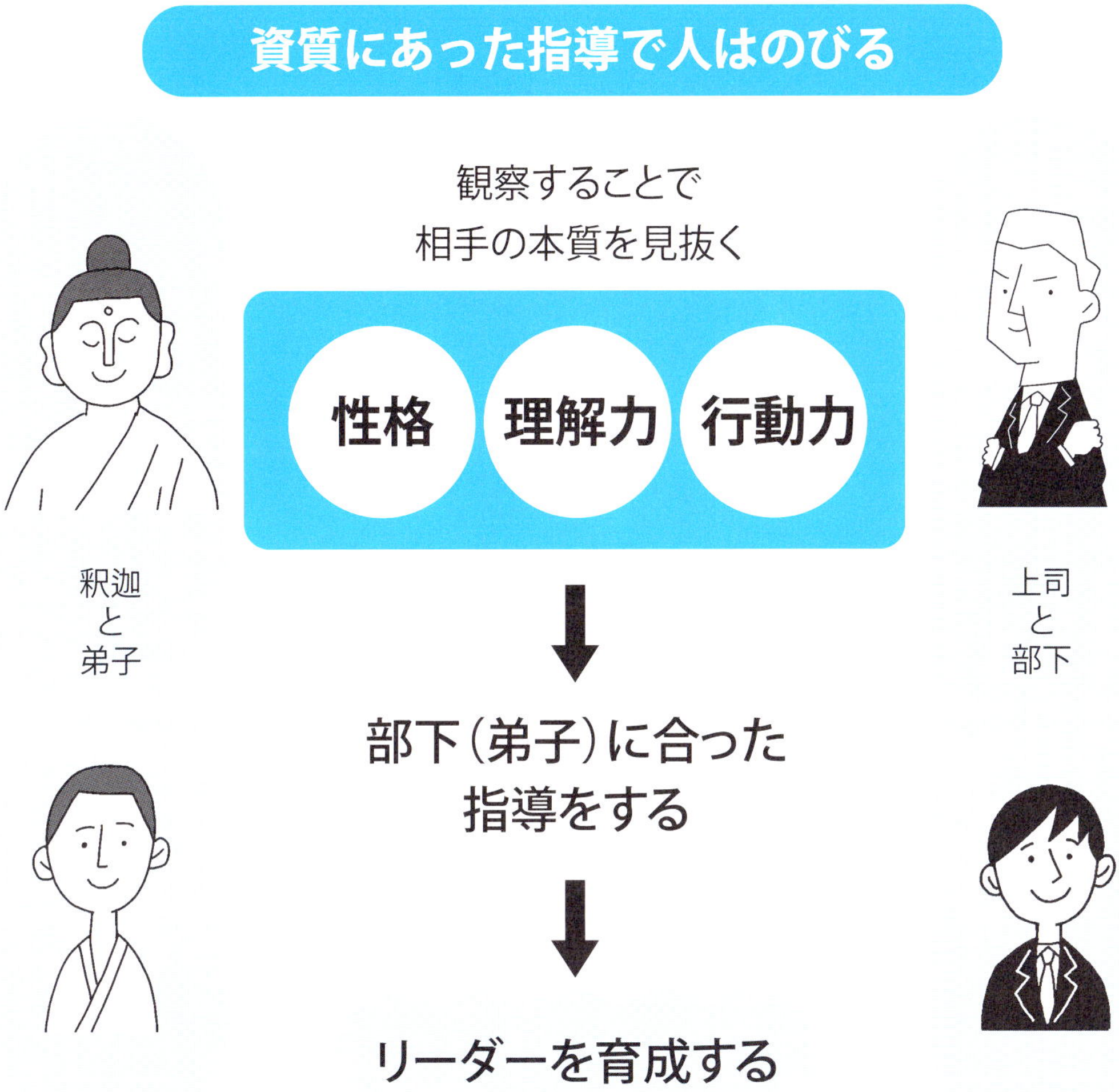
資質にあった指導で人はのびる
観察することで
相手の本質を見抜く
性格
理解力
行動力
釈迦
と
弟子
上司
と
部下
部下（弟子）に合った
指導をする
リーダーを育成する

会社も同じで、上司はまず部下をよく観察することから始めるといいのです。

どんな性格か、資質はどうか、理解力はあるか、行動力はどうかなど、じっくり観察してみることです。そうして、**部下それぞれにあった方法で指導をしていくことです**。

怒鳴ったり命令したりして部下を動かそうとするのではなく、部下の性質にあわせて導いていくという方法をとったほうが、事は円満に進むものでしょう。

理解不能だと最初から拒否してしまうと、目の前にあるものも見えなくなってしまいます。

まず現代の若者を観察することです。歩み寄れば、相手を知ることができるでしょう。そのうえで、「自分たちも昔は上司に拒否されたんだよ」と話してみれば、案外彼らも話をするようになるかもしれません。上司側が拒否反応を示しているからこそ、部下側も無反応を装っているのです。

もちろん、上司側が歩み寄っても、理解できない部下、という者もいます。しかし、それは、その部下の個性として見てあげたほうがいいのです。

そのうちにイライラはなくなり、むしろ楽しくなってくるでしょう。

イライラしたときに思い浮かべるといい
仏教の言葉

【善知識】

善知識とは、友人のことです。

仏教では、友人はよい知識をもたらしてくれる人を指します。ですから、いくら淋しいからといっても、悪い友人を持つことはやめたほうがいいですね。自分を間違った方向に導くような友人、自分に迷惑をかける友人、自分を疲れさせてしまうような友人とは、付き合わないほうが賢明です。そうした友人との付き合いにこだわっていないで、早めに縁を切っておいたほうがいいでしょう。

3章

人間関係でイライラしたときの対処法

憩いの場所であるはずの家庭内や、息抜きのはずのプライベートな関係でもイライラさせられることがあります。

そのような苛立ちにどのように対処すればいいのか、見ていきましょう。

3章　人間関係でイライラしたときの対処法

口うるさい家族の場合

口うるさい人には
「会話をしない」という
方法で接してみましょう

注意しても無駄 明るくあきらめよう

何かにつけて必ず一言二言文句を言う人が家庭内にいると、本当にうんざりしますね。

イライラして、いちいちうるさい！　と怒鳴ったりすると、拗ねるか泣くか喚くかで、始末に負えません。

こうした話は、特にお年寄りと同居している家庭で、よく耳にします。息子や嫁、孫に一つ一つ注文を付けたり、何かにつけて小言を言ったりするのです。

私のところにも、「うちの年寄りがうるさくて。何とかなりませんか」という相談は、よくあります。ご主人の母親が口うるさいと、ご主人、奥さん、子供たちまでみんな不幸になってしまうものです。

こんなときの対処法はただ一つ、**「あきらめる」ことです**。

相手は、お年寄りです。今さら性格が変わるなどということは期待できません。期待できない以上、**注意しても無駄です**。相手をどうこうしようという手段はありません。ですので、あきらめるのです。

しかし、ただ単にあきらめるのでは、腹の虫がおさまらないし、イライラもおさまらないでしょう。そこで、**「明るいあきらめ方」**をお勧めします。

過去に私が相談を受けたときは、お年寄りを外したみなさんで話し合ってもらい、次の三つのことを実行してもらいました。

・お年寄りが変わることを一切期待しない

・お年寄りに何かを言われても、適当に返事をし、無視をする。あるいは逃げる

お年寄りは変わらない

期待しない

注意しない

明るい あきらめ

話しかけられたら
相手にせず
極力逃げる

話を適当に聞いて
ときには無視する

外の世界に目を向けさせる

・なるべく家族で固まって、楽しく会話をし、大きな声で笑うこと

その結果、数か月後、そのお年寄りは、外出が増えたそうです。外に友人を作ったのですね。そのおかげで家庭内での小言は随分と減ったそうです。

口うるさい人は淋しい人

口うるさい人は、**根は淋しい人**なのです。本心は、誰かに相手にされたいと思っている人なのです。ただ、性格に問題があるため、誰も相手にしてくれないので、家族に小言を言うのでしょう。

ですから、カルチャースクールなどの、新しい世界を紹介してあげるのもいいでしょう。外に目を向けさせ、友人を作る手助けをするのです。相手にされたいと願っている人は、無視をされるとほかの相手を探すものです。

親族だからとかいった、「縛り」にはこだわってはいけません。遠慮もしてはいけません。たとえ親や親族であろうと、自分の家庭を壊すような行為をする人に、遠慮していてはいけないのです。

3章　人間関係でイライラしたときの対処法

ぐうたらな家族の場合

ぐうたらな家族で
悩んでいる人は
本人がそれを気づく状況を
作ってあげましょう

まず理解し、工夫してみる

家族の中にぐうたらで、家の中でダラダラしている人がいると、いい迷惑ですよね。そういう人がそばにいると、イライラしてきます。

多くは、家のご主人がぐうたらと言われているようですが、その家の奥さんがぐうたらだと、これまた大変でしょう。家の中が片付かないということにもなりかねません。

あるご家庭からの相談でした。

その家のご主人は会社から帰ると何もしないのです。服はあちこちに脱ぎっぱなしで片付けない、寝転がったら起きない。会社が休みの日などは、一日中ダラダラと過ごす。ご家族は、そんなご主人にうんざりしていました。

しかし、ご主人にしてみれば、会社で疲れているから家にいるときくらいダラダラしたいのです。お互いにお互いを許せないという状態でした。

私は奥さんやお子さんに、**「まずは、ご主人がダラダラしたいという気持ちを理解しましょう」**と説きました。

その上で、**「動かざるを得ないような手伝いをしてもらいましょう」**と勧めました。ご主人を動かす工夫ですね。

が、その家のご主人は、なかなかのツワモノで、奥さんやお子さんの「これ手伝って」という注文に「うるさい。疲れてるんだ」と言う始末。

そうであるなら、**もうご主人を無視、仲間外れにするしかないでしょう。**

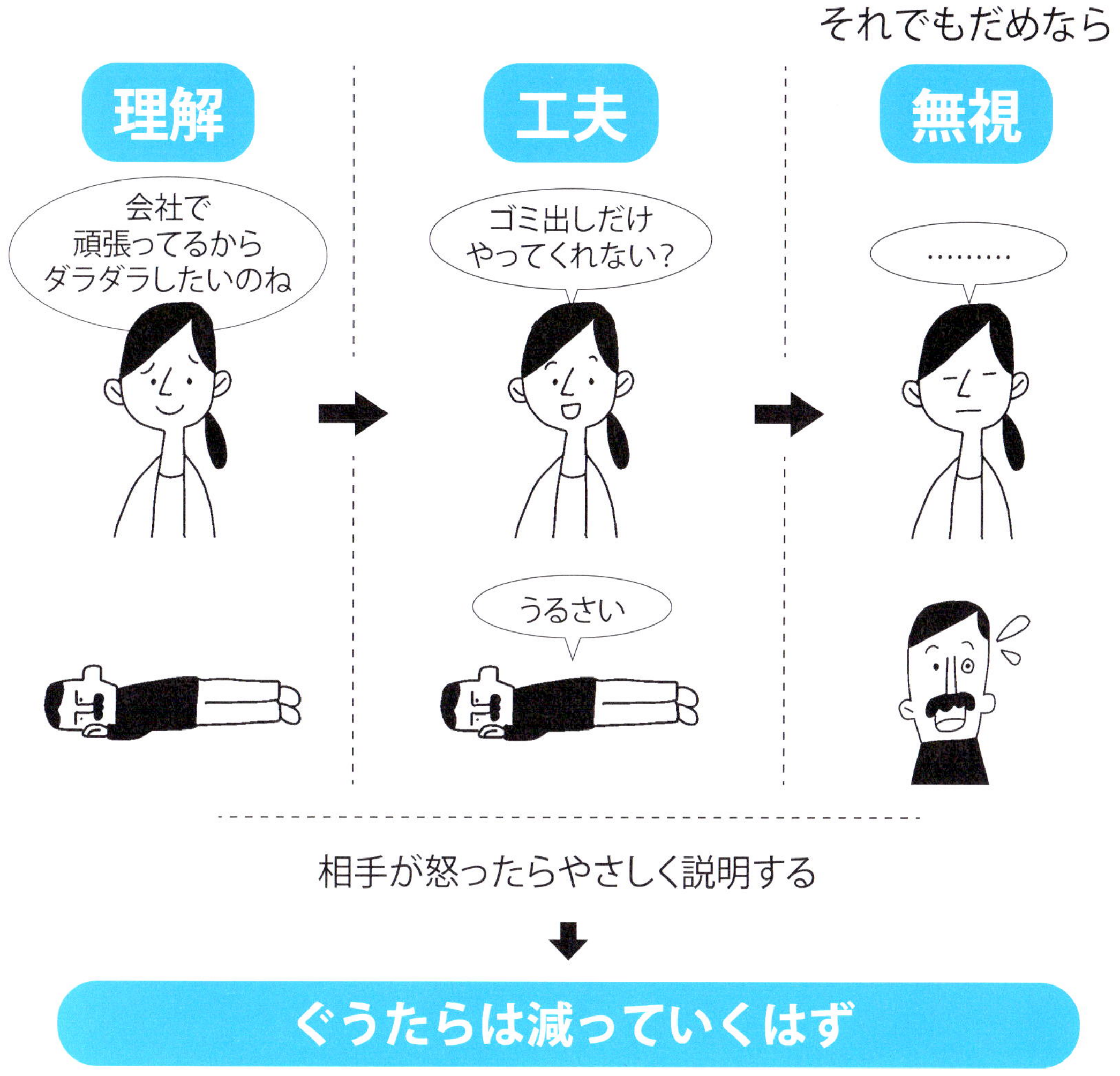
それでもだめなら
理解
会社で頑張ってるからダラダラしたいのね
工夫
ゴミ出しだけやってくれない？
うるさい
無視
………
相手が怒ったらやさしく説明する
ぐうたらは減っていくはず

効果がないなら無視してしまおう

ご主人が休みの日は、奥さんとお子さんで朝早くから出かけます。夕食は外ですませてから帰ります。

夕食をすませずに帰るときは、普通に食事を作るのですが、なるべくお子さんと奥さんで楽しく会話をします。その内容はご主人がわからないことを、です。

また、出かけない日は、朝早くから掃除をしまくるのです。

ご主人、ついにキレまして「俺に何の恨みがあるんだ！」と怒鳴り出しました。

そこで、奥さんたちは怒るのではなく、**「理由はわかっているでしょ」とやさしく言ったのです。**そして、**今までの経緯を説明したのです。**

さすがにご主人、これには文句が言えず、素直に謝りました。それ以来、少しずつ家のことを手伝うようになり、ぐうたらが少なくなったそうです。

ぐうたらな奥さんの場合も、同じようにすればいいでしょう。あとは、なるべく一緒に行動するようにすれば、変わっていくのです。

3章　人間関係でイライラしたときの対処法

過干渉の家族の場合

よかれと思って
していることが
過干渉になっていないか
注意しましょう

よかれと思っていても相手にとっては大迷惑

何かにつけて干渉してくる家族がいると、うっとうしいですね。自分のやりたいことが十分にできなくなってきます。

特に多いケースは、お子さんに過干渉になる母親です。

何でもかんでも「お母さんの言うとおりにしなさい」などと、自分の考えを押し付けてくる母親と自分のやりたいようにしたいお子さんとのバトルが始まります。

こうしたケースは、最悪の場合、お子さんの家出や家庭内暴力などを引き起こすこともあります。

そんな親子が相談に来られたことがありました。相談に来たのは母親で、お子さんの反発をどうにかできないか、ということでした。お子さんはしぶしぶついてきて、横でぶすっとしていました。

さっそく、母親の話を聞いてみると、どうやら母親の干渉が激しいことがわかりました。

その母親は、お子さんが何かを始めようとすると、「あなたには無理でしょう。それよりもこっちの方がいいから、これにしなさい」と、**自分の考えを押し付けてくる**のです。

お子さんの方は母親の過干渉にイライラしており、爆発寸前だったのです。

母親自身は、それが正しいことと信じていますので、自分が悪いなどとは少しも思っていません。むしろ、自分の意見に従わないお子さんが悪いと思っているのです。

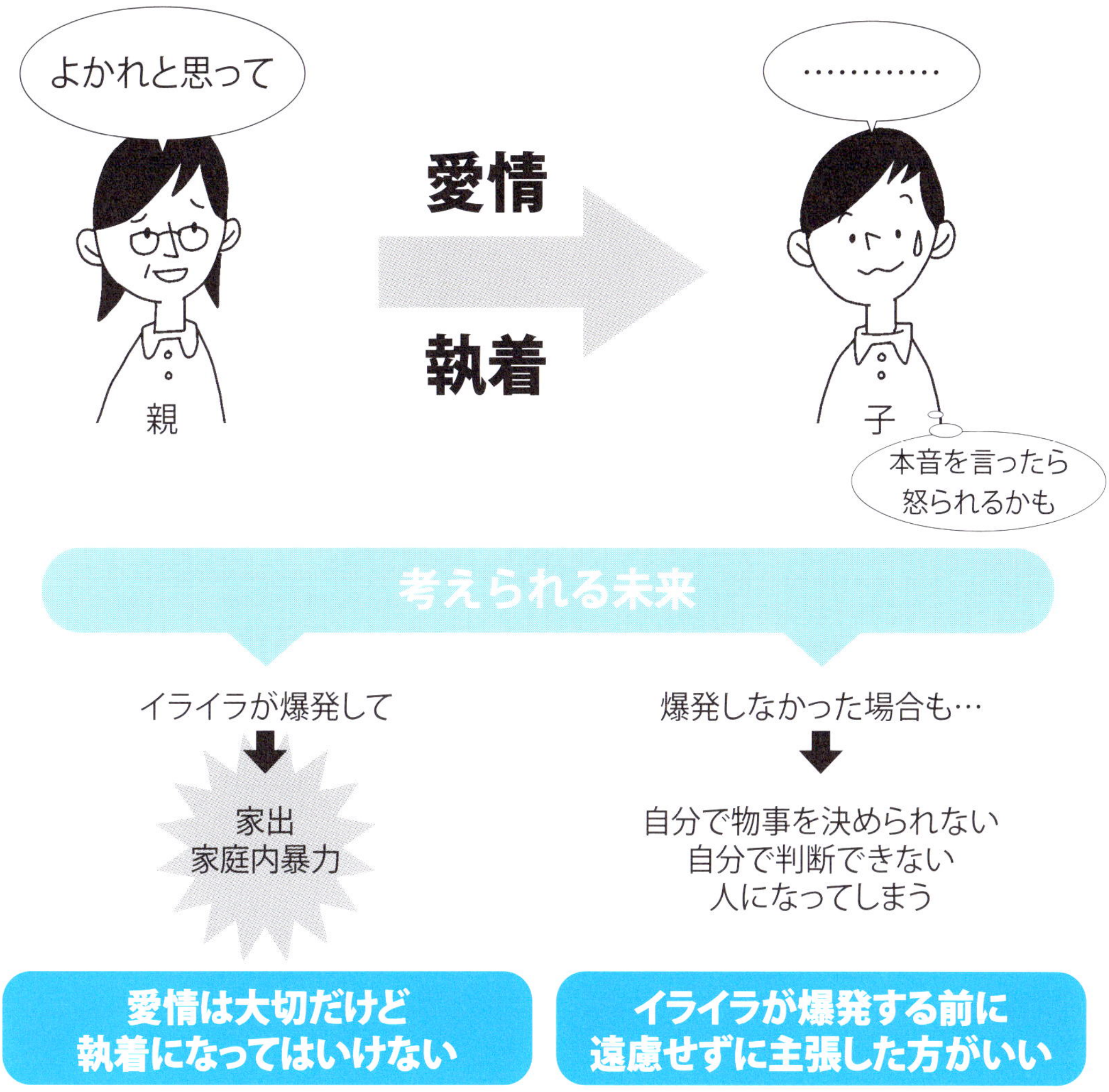

よかれと思って
…………
愛情
執着
親
子
本音を言ったら怒られるかも
考えられる未来
イライラが爆発して
家出
家庭内暴力
爆発しなかった場合も…
自分で物事を決められない
自分で判断できない
人になってしまう
愛情は大切だけど
執着になってはいけない
イライラが爆発する前に
遠慮せずに主張した方がいい

子供でも親の思い通りにはならない

このような問題は、お釈迦様がいらしたころからあり、お釈迦様の元にもそのような相談は持ちかけられたようです。

お釈迦様はそのたびに、「自分のことすら思い通りにならないのに、自分以外の人間が、思い通りに動くわけがないであろう。**自分以外の者を自分の思い通りに動かそうと考えるほうが愚かなのだ**」と説いています。

また、「子どもに対する愛情は大切ではあるが、執着になってはいけない」とも説いています。**過干渉は執着心**なのです。

過干渉をする側は、悪意がないので、干渉される側も言いたいことが言えなくなってしまいます。

しかし、これはいやなことを我慢している状態なので、イライラが募って、いずれは爆発するでしょう。そうなってからでは、遅いのです。

イライラし始めたら、遠慮なく「干渉し過ぎないで」「私には私の意思がある。私の意思を無視して、自分の思い通りにしようとしないで」と伝えるべきでしょう。

3章　人間関係でイライラしたときの対処法

自分勝手な友達の場合

気を遣わない人は周囲に迷惑をかけている

友達にイライラしてしまうこともあるでしょう。嫌いではないし、付き合いやすいから一緒に遊ぶのですが、その友人の言動にイラついてしまうという話は、よく耳にします。

私のところに相談に来られる方で、別の相談のついでに、「実は友達とどう付き合ったらいいのか悩むことがあるんです」と話していく方は、意外と多いのです。「マイペースで人の話を聞かない」「いちいち指図する」などなど、「周囲に気を遣わない人」と一緒にいると、こちらが気を遣う羽目になることがよくあります。しかし、その友人と縁を切る勇気はないし。悩ましいところですね。

このような悩みを解決するためには、その友人に思っていることをはっきり言うことです。

気を遣わない人は、自分の言動が周囲に迷惑をかけているなどとは少しも思っていません。マイペースであろうが、お節介であろうが、そのことに自分自身で気付いていないのです。

「でも、悪意があっての行動でもないから言えないのですよ」と相談される方もいますが、それは間違っています。

悪気があってもなくてもそれが迷惑を及ぼしているならば、善いことではないのです。善いことをしていないのですから、注意した方がいいのです。

周囲に気を遣わない人は、知らず知らずのうちに周囲に迷惑をかけているのです。

本当に大切な友人だと
思うならば
自分勝手な行動を注意して
あげましょう

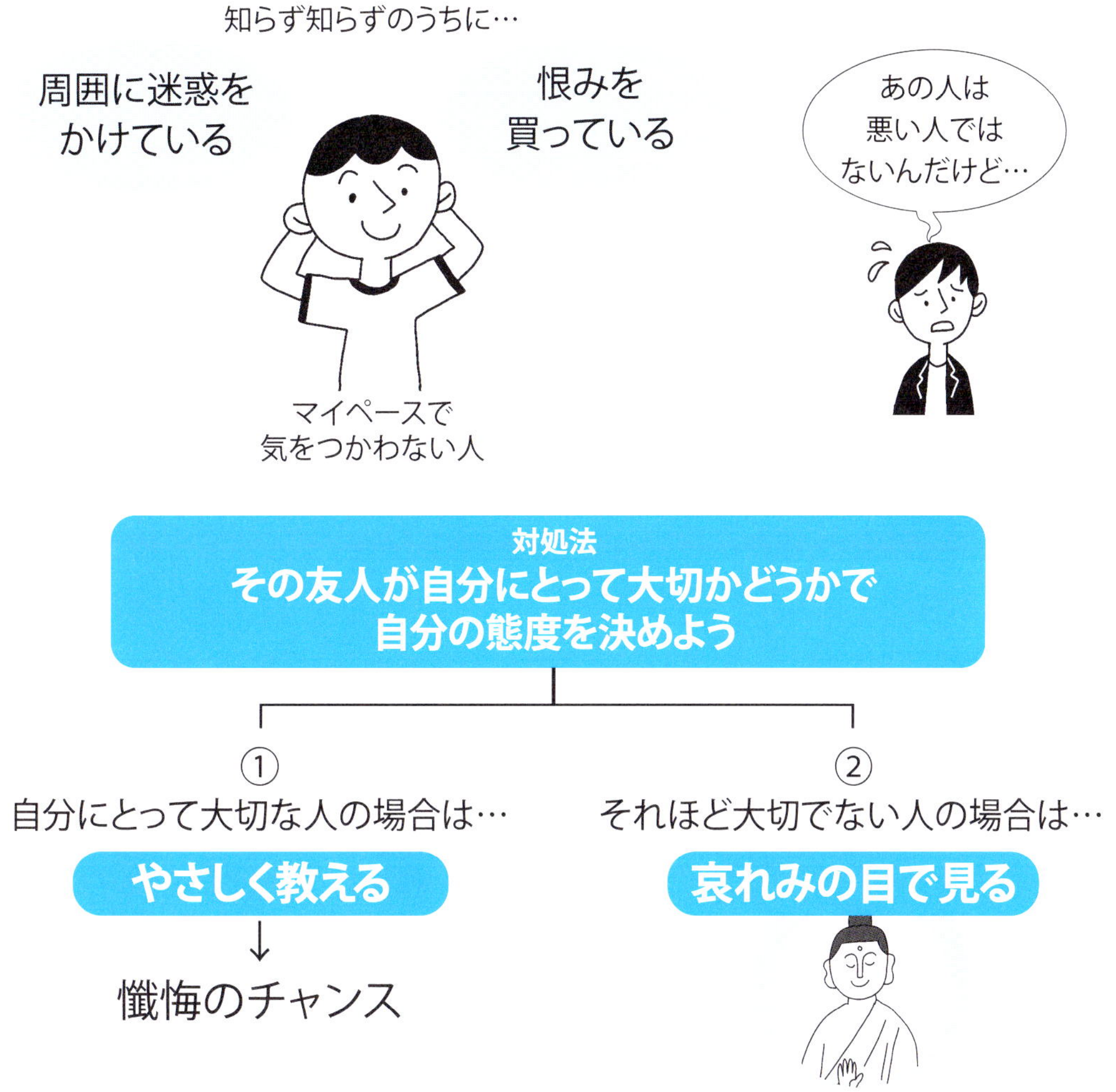
知らず知らずのうちに…
周囲に迷惑をかけている
恨みを買っている
あの人は悪い人ではないんだけど…
マイペースで気をつかわない人
対処法
その友人が自分にとって大切かどうかで自分の態度を決めよう
①
自分にとって大切な人の場合は…
やさしく教える
↓
懺悔のチャンス
②
それほど大切でない人の場合は…
哀れみの目で見る

これは、実は怖いことです。なぜならば知らず知らずのうちに恨みを買っている場合があるからです。

大切な友人にはやさしく教えてあげる

仏教的に言えば、それは知らず知らずのうちに罪を犯していることにもなります。ほんの些細な罪なのですが、それも積み重なれば、大きな罪となることもあります。

仏教では、知らず知らずのうちに犯してしまう罪を**懺悔**します。**「知らないうちに罪を犯していると思います。それを今ここで反省します」**ということですね。そうして、身体も言葉も心も清浄にするのです。

周囲に気を遣わない人は、そのようなチャンスを失っているのです。それは、かわいそうなことでしょう。

もし、その人が友人であるならば、自分勝手な振る舞いは、注意してあげるべきでしょう。**悪気がないからこそ、あえて注意してあげるべきなのです。**

また、それができてこそ、本当の友人と言えるのではないでしょうか。

3章　人間関係でイライラしたときの対処法

暑苦しい人、世話焼きのご近所さんの場合

他人に煙たがられている
ことに気づかない人には
苦手意識をはっきり伝えて
あげましょう

彼らはシラけた周囲に気付いていない

世間には、他人にいろいろ世話を焼きたがる人がいます。中には世話を焼くのが生きがい、というような人もいます。

また、何事も一生懸命で「ガッツだ、頑張れ！　根性だ」などと熱くなりやすいタイプもいるものです。

こういう人たちを苦手だと感じる方は多いのではないでしょうか。

実は、私も世話焼きタイプの人が苦手です。私は、どちらかというと放っておいてもらいたいタイプなのです。

私は仕事柄、多くの方と接しますが、世話焼きの方は「痩せたんじゃないか」「太ったんじゃないか」「好きな食べ物は何か、今度さしいれしますよ」「こうした方がいいんじゃないか、ああした方がいいんじゃないか」……疲れます。

私はその人一人を相手にしているわけではないし、どなたにも平等に対応しますので、妙な世話は焼いて欲しくないのです。

ですが、ご年配の方には心配性というか、世話を焼くのが美徳だと思っている方がいらっしゃるようで、イキイキとして世話を焼いてくるのです。

本人は良かれと思ってやっていることなので、相手が嫌な思いをしているなどとは少しも思いませんし、**自分が熱くなりすぎていて周りがシラケていることには気づかないのです。**

そういう人が苦手な人は、どのように対処していけばいいのでしょうか？

痩せたんじゃない？
ちゃんと
食べてるの!?
頑張れ！
頑張れば
なんとかなる！

よかれと思って言ってくれているのはわかるが…

相手の気持ちや周囲の雰囲気に気付いていない

申し訳ないけど
あなたのようには
できません
そういうの
苦手なんです

遠慮せずはっきりと言っていい

遠慮なく苦手だと伝えよう

それは、はっきりと、**「私は、あなたのようなタイプの人が苦手なんです」と宣言することです**。

そんなことを言ったら付き合いがしにくくなるじゃないですか、と反論されそうですが、ちゃんと説明すればわかってもらえるのではないでしょうか。

「私は、積極的に動くのが好きではありません。どちらかというと、控えめでいたいし、あまり周囲の人と関わりたくないのです。参加しなければいけない行事にはなるべく参加しますが、家や仕事の都合もありますし、あなたのようにはできません。申し訳ないです」とはっきり断ったほうがいいと思います。

そのようなタイプの人は、**苦手だと言われてもめげませんから、遠慮することはありません**。

無理なことは無理と言わないと話がどんどんエスカレートして困りますし、黙っていると認めたことにもなりかねませんから、自分の意見ははっきり伝えた方がいいのです。

3章　人間関係でイライラしたときの対処法

嫉妬されてイライラしたとき

嫉妬されることに
苦しめられるより、
開き直ってしまったほうが
楽ですよ

防ぎようがないことは開き直る

自分では何とも思っていないけど、なぜかライバル視されたり、意地悪されたりしたという経験はないでしょうか。

同僚や先輩、友人関係の中においても、こちらは意識していないのに、相手にちょっかいを出されるということはよく聞く話です。

たとえば、「いい子ぶってるんじゃないの」とか「一人で目立ちすぎてる」と言われたり、陰でこそこそ噂話を流されたり。

こうしたことは、嫉妬から始まることが多いですね。集団の中で、ほんのちょっとでも周囲の注目を集めるようなことをした人がいると、その集まりの中に嫉妬という思いが渦巻くことはよくある話です。

その方にしてみれば、不可抗力なことで嫉妬されているので、防ぎようがありません。**防ぎようがないことで、イライラしても仕方がないでしょう。ならば、開き直るのが一番手っ取り早いのです。**

お釈迦様の弟子に、舎利弗と目連という有名なお弟子さんがいます。

この二人は、後にお釈迦様の二大弟子とも言われるほどになりますが、お釈迦様の弟子になると、すぐに高弟の扱いを受けました。彼らには、それほど実力があったのです。

二人は、出家してほどなくお釈迦様の両脇に座ることを許されました。その場所は、特別な場所だったので、古くからの修行者が彼らを批判し始めました。

お釈迦様は、批判した修行僧に、二人は

上司は何も
言わないのに
先輩がケチを
つけてくる…
イヤミ
ウワサ話
意地悪
嫉妬
何をされても開き直って堂々としていればいい
いやな人になってしまおう
私は気に
入られてる
から
仕事が
できない
わけでもないし
あきれて何もしてこなくなる
あんぐり

この場所に座る実力があること、**批判は嫉妬からくるもので恥ずかしい行為であること**、そのような嫉妬をしている暇があったら自分の修行に励むことを説きました。

そして、舎利弗と目連には遠慮することも周囲の目を気にすることもなく、自らの修行に励むように、と説いています。

それ以来、彼らは誰からも批判をされることなく、堂々とお釈迦様の左右に座ったのです。

無視して堂々としていよう

お釈迦様のような上司がいれば別ですが、そうでないならば、開き直るほうが早いのです。そうすれば、意地悪をした人もあきれ返って何もしなくなります。

嫉妬で意地悪なことをしてくる人など、無視すればいいのです。自分は自分の仕事をこなしていけばいいだけなのです。

嫉妬されたならば、開き直って堂々としていることです。**嫌味や意地悪が及ばないくらいの態度をされると、意地悪する側もあきらめるものなのです。**

3章　人間関係でイライラしたときの対処法

嫉妬にとらわれイライラしたとき

嫉妬は高いプライドから
生まれてくるものです
自分の非を認めて、
謙虚になることが大切です

嫉妬するのは自分のせい

嫉妬される側は、まだ優位な立場にあるので対処しやすいのですが、自分が嫉妬する側であると、これは厄介なことでしょう。

しかし、**嫉妬というものは、自分に非があるのです。嫉妬の炎を燃やすのは、自分がいけないのです。**

嫉妬心がわき出てくる方は、プライドの高い方です。「自分の方が優れているのに、なぜあの人が私よりも優遇されるのだ」という思いがもとで嫉妬心は生まれてきます。つまり、**「私のほうが」という思いが、嫉妬の炎を燃やしているのです。**

そして、「自分よりも劣っているはずだ」と思い込んでいる相手が自分より優遇されると、嫉妬の炎はますます燃えあがり、イライラしてくるのです。

東京大学の大学院を卒業され、とある一流企業に勤められていた男性が来られたことがありました。

「同僚に出世を追い越されて。どいつもこいつもうまく媚を売って、出世していくんですよ。実力もないくせに。それを見ているとイライラしてくるんです」

このように、ご相談に来られたのです。

「それは嫉妬ですよね」と問いかけますと、しばらく考え込んでいましたが、「そういわれれば、そうですね」と認められました。

嫉妬はプライドの高さから生まれます。「自分の方が優れているのに」という思いが強いと、その思いが満たされないこ

自分の方が
優れているのに
自分が
優遇されるべきだ
自分が
真っ先に
認められるべきだ
自分が
注目されるべきだ
イラ
イラ

プライドの高さが嫉妬を生む

↓

嫉妬は自分のせい
相手は関係ない

謙虚に自覚して改善すれば

イライラも消えていく

とで嫉妬するのです。

そのように話をすると、男性は、「自分は優れているというプライドの高さを、上司に見抜かれていたのですね。出世しないのは、自分のせいだったんですね」「もっと謙虚にならなきゃいけないのですね」と、自分が間違っていることを認められました。

ここまで素直に自分の非が認められれば、もう大丈夫ですね。

自分を謙虚に見つめ直そう

自分の非を認めるということは、なかなかできないことです。

ですが、自分の過ちを正すことなく、相手に一方的な嫉妬の炎を燃やすのは、とても愚かなことです。

なぜならば、自分の非を認められない者は、自分の悪い部分を直すことができないからです。**悪いのは、自分だと認めて、謙虚に見つめなおした方がいいですね。**

嫉妬でイライラする前に、自分の実力は自分が思っているほどではないのではないか、と疑ってみることです。

イライラしたときに思い浮かべるといい
仏教の言葉

【恨みを鎮める】

「どうしても許せない相手がいる。この恨みの心が消えない」

長い人生、このような恨みの心が消えない、ということもあるかもしれませんが、恨みの心にとらわれていると、時は止まってしまいます。いつまでもその恨みが発生した時点から前には進まないのです。

お釈迦様は、「この世の中では、恨みは恨みによってけっして鎮まるものではない。ところが、恨みは恨みなくして鎮まる」と説いています。

相手を恨み、そのお返しをすれば相手から恨まれます。相手がそのお返しをすれば、またこちらも恨むことになり、いつまでたっても恨みの連鎖は切れません。相手を恨む気持ちもわからないではありませんが、恨んで事が解決するわけでもありませんから、まずは恨むことを止めればそれでいいのです。別に許そうと思わなくてもいいのです。

4章

日常生活でイライラしたときの対処法

たとえば、公共の場でマナーの悪い人を見かけて苛立ったり、社会の風潮や政治に苛立ったりなど、日常生活でイライラしてしまうこともあるでしょう。ここでは具体的に例をあげて、その対処法をお話しいたしましょう。

4章　日常生活でイライラしたときの対処法

マナーの悪い人を見てイライラしたとき

他人のことよりも
自分の心の安定のほうが
大切なのです

見知らぬ人は放っておいていい

最近は、通勤時の電車内でも化粧をしている人や飲食をしている人を見かけます。

私は、通勤はありませんが、ごくたまに電車に乗るときがあります。そういうときでも、必ず一人は化粧をしていたり飲食をしていたりする人を見るので、よく電車に乗る方はそうした人を結構見かけるのではないでしょうか。

そのような話を別の相談に来られた方としていると、「そういう人を見たとき、イラつきませんか」と尋ねられます。

私は、「いや、イライラしませんし、ムカつくこともありません」と答えます。実際に、私はそのような人を見ても何とも思わないのです。

なぜ何とも思わないのか。それは、他人だからです。**知らない人だから、放っておけばいい**と思っているからです。

私は電車に乗るときは本を読んでいます。本の世界に没頭していますので、周囲は気になりません。ですから、隣で化粧をしていようが、飲食をしていようが構わないのです。

本を読んでいない場合でも、私は気にしません。それは、そうした人を見ないからです。

私は、電車内での他人の行動は見ないようにしています。見てしまうと、気になることも出てきますからね。

まったく知らない他人の行動を見て、イライラするのは損でしょう。ストレスがたまって疲れるだけです。そのような損を被

他人は
放っておけばいい
自分を
見つめる
自分
他人
自分の心の安定が
いちばん大事
自分の心の安定を
邪魔するものは
避けていい

るくらいならば、**そうした人たちを見ないことです。**

そして、読書をするとか、仕事のことを考えるとか、あるいは瞑想してみるとか、何か有意義なことに時間を使ったほうがいいでしょう。

他人よりも自分の心の安定の方が大事

お釈迦様は、他人の過失などは見るな、と説いています。**「他人の過失やしたこと、していないことを見ることなく、まず自分の過失やしたこと、していないことを見つめなさい」**と説くのです。

他人のことよりも、自分はどうなのか、ということの方が大切なのです。

他人の行動を見て、イライラするのは、親切で正義感が強い人なのでしょう。しかし、他人のことよりも、自分自身はどうなのか、ということの方が大事なのですね。もっと自己を見つめなさい、とお釈迦様は説いているのです。

まずは、自分の心の安定が大事なのです。その安定を邪魔されるのなら、その邪魔するものを避ければいいのです。

やることなすことうまくいかずイライラしたとき

裏目に出たと思うのは
結果予測が甘いから
先のことを考える力を
養いましょう

うまくいっている人は相当努力している

やることなすこと裏目に出て、思うようにならずにイライラしてしまうことは、誰もが一度や二度は経験するのではないでしょうか。いや、むしろ思い通りに行く人の方が少数派だと思います。

お寺を修繕したときのことです。現場監督の大工さんが、「いったいみなさん何を相談にくるんだい？」と尋ねてきました。

私は、「みんなね、思う通りにならないから、悩んでいるんですよ」と答えました。すると大工さん、「そんなこと当たり前じゃないか。**世の中思うようになるわけがない**。天気だって思うようにならないし、予報も外れるんだよ。人を相手にしているならば、なおさらじゃないの」と笑って言いました。

その通りなのです。

しかし、この大工さんのことを、思うようにならないと悩んで相談に来られる方に話しますと、「だって、思い通りになっている人だっているじゃないですか」「それなのになぜ私はうまくいかないのでしょうか？」と答えられます。

世の中には、思い通りにいっているように見える方がいることは事実です。ですが、そのような方は、実は相当な努力をしているのです。あるいは、先のことをよく考え、どのような状況になっても対処できるように準備しているはずです。

そうした陰の努力が他の方には見えないだけなのです。

なぜうまくいかないのか？
うまくいく人
相当な努力をしている
うまくいかない人
結果予測が甘い
つまり、うまくいかないのは自分のせい
自分にとって
都合の悪い結果も
あり得るのだと予測する
＋
その場合は
どう対処すればいいのか
あらかじめ考えておく

うまくいかないのは自分のせい

「裏目に出る」という時点で、その人は結果予測ができていないということになります。

　自分では「よかれ」と思って行ったことでも、裏腹な結果を招くことは有り得ることです。それを初めから予測していれば、裏目に出た、とはならないでしょう。

　つまり、**結果予測が甘い**のですね。自分にとって良い結果しかやってこないと思っているから、自分にとって悪い結果が出ると、「裏目に出た。思い通りにならない」とイライラするのですね。

　これが大工さんのように、「天気が悪い場合もある」「予測が外れる場合もある」と予測範囲を広げておけば、裏目に出ることはないのです。

「思い通りにならなくてイライラする」と言う方は、**結局のところ、自分の思慮不足が原因なのですね。**

　自分にとって都合の悪い結果もあり得るのだと、予測することです。そして、その場合はどう対処すればいいのか、あらかじめ考えておくことです。

4章　日常生活でイライラしたときの対処法

社会の風潮にイライラしたとき

世の中の風潮、流行は
常に移り変わっていきます
イライラするぐらいなら
受け入れてしまいましょう

時代の流れにどう対応するかは自分次第

人と人とのつながりが希薄になった、殺伐とした時代だと言われてから、いったいどれくらい時が経ったでしょうか。

その傾向はますます進むようで、近所の人や隣に住む人の顔を知らないなどということは、当たり前の時代になってきました。周囲との会話は、直接話をするよりもメールやチャットを通じての方が気が楽だという若者も増えてきているようです。

こうした人と人とのつながりが希薄な時代に、不安やイライラを募らせる方も少なくないでしょう。

パソコンやスマートフォンも使い方がわからないというお年寄りは、こんな時代の流れは許せない、と怒りをぶつけてきます。

ですから、このように話をします。

「**大事なのは、自分の気持ちです**。周囲がパソコンや携帯電話を持ったからといって、それに従う必要もないでしょう。もし、それで自分が淋しいと思うのなら、使い方を学ぶべきです。**社会に逆らって生きるのも、社会に迎合して生きるのも、あなたの生き方なのですよ**」

軽薄なマスコミやＴＶ番組にイライラする方もいます。

「最近のテレビ番組は、内容がなくてつまらない。見るものがない」「あの記者は何をくだらない質問をしているんだ」と嘆いている方もいます。

私は、「テレビを見なければいいじゃないですか。テレビなんぞ、なくても生活で

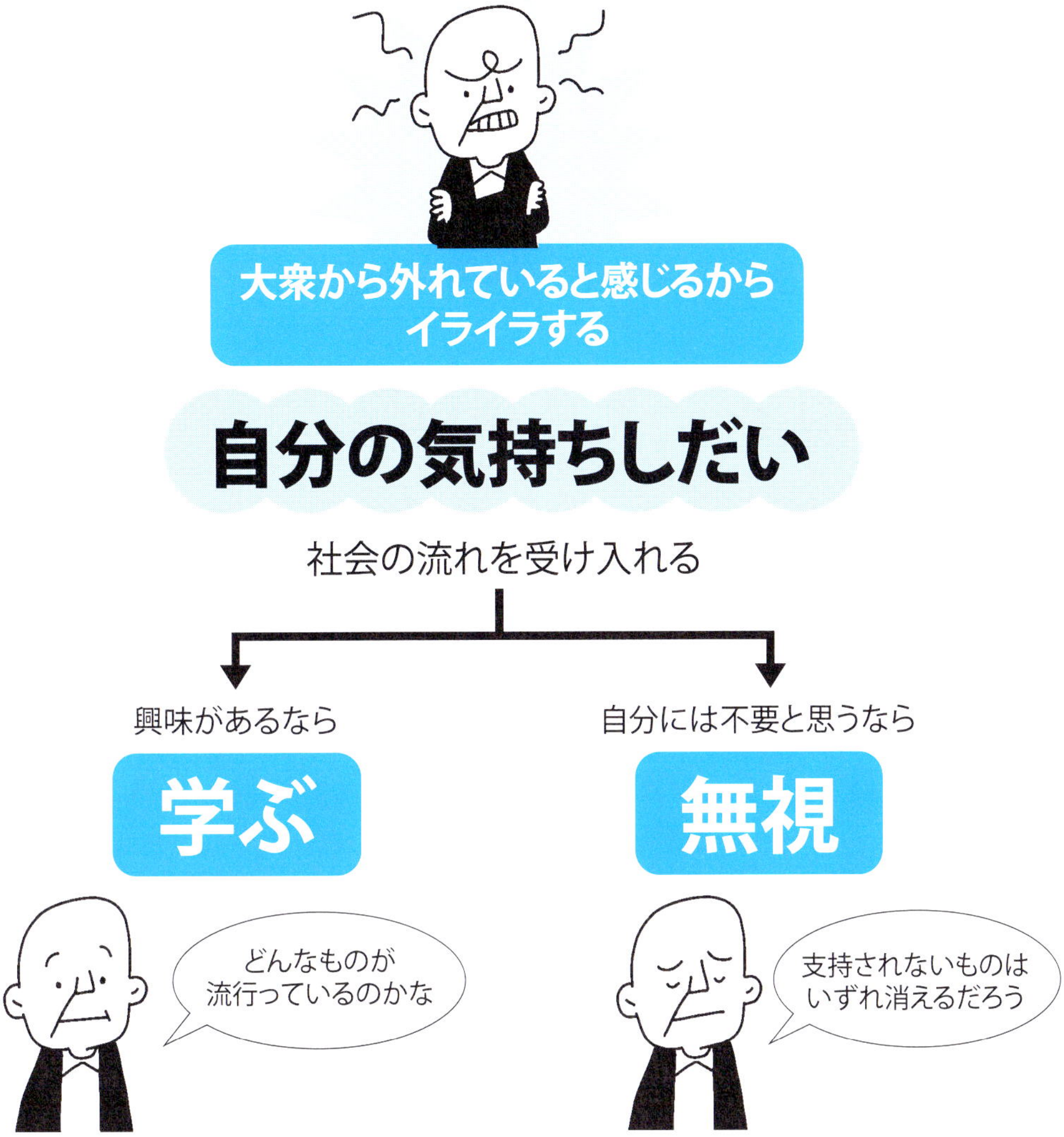

大衆から外れていると感じるから
イライラする
自分の気持ちしだい
社会の流れを受け入れる
興味があるなら
学ぶ
自分には不要と思うなら
無視
どんなものが
流行っているのかな
支持されないものは
いずれ消えるだろう

きるでしょ」と答えます。

くだらない番組しかやっていない、というのなら、見ない方がいいのです。

時代は大衆の好みに合わせている

仏教は、現実を拒否するようなことは説きません。むしろ、**現実をよく観察し、それをそのまま受け入れよ**、と説きます。

時代の流れを嘆くよりも、**その時代の流れを受け入れ、利用してやろうと考える**ほうが、気持ちが楽になりますね。

世の中の風潮には、流れがあります。流行は、それを求める人がいなければすぐに去ってしまいます。そうした風潮や流行などに、イライラしても仕方がありません。

受け入れにくい風潮は、いつの時代も存在しているのです。それは、**時代が個人にあわせて存在しているわけではなく、大衆の好みに合わせているから**です。

その大衆から外れているからといって、イライラするのは間違っていましょう。そんなことで苛立つぐらいなら、堂々と批判するか、大衆を受け入れてしまったほうがいいのです。

4章　日常生活でイライラしたときの対処法

世代間の意識のギャップにイライラしたとき

親と子は育ってきた社会が
違います
子には子の選択の自由が
あるのです

愚痴は真に受けず聞き流す

田舎では、親が結婚していない子に「早く結婚しろ」「近所に恥ずかしい」、結婚をしたら今度は「早く子どもを産め」と言うことがよくあります。

女性が子どもを産まずに働きに出ていると「女は働かなくていい、家のことをしっかりやれ」と言われます。

近所の人たちからも同じように聞かれますし、親類が集まっても話題はやはり同じです。人生設計が近所の人と同じでないということで、近所の噂話の対象になり、生活がしにくくなることもあります。

こうした村社会の古い因習の仕組みに疲れてしまう若いご夫婦は多いようで、相談を受けることもあります。

そのようなとき、私は、「古い大人は、新しいスタイルを受け入れられないのですよ。生きてきた時代が違いますから」と説きます。そういう親の愚痴は**聞き流したほうがいいし、真に受けてはいけないのです。素知らぬ顔をして自分を貫くほうが賢いのです。**

こうした問題については、親側からも話を聞くことがあります。

「子供が結婚したがらない」「結婚をしたはいいが、仕事を辞めずに子作りをしない」など、親ならば多かれ少なかれ思うことかもしれません。

このような親御さんたちは、結婚なんてどうでもいいという意識を持つ人がいることが受け入れられないのです。

子供が結婚したがらないと愚痴を言う

世代間のギャップに遭遇した人へのアドバイス

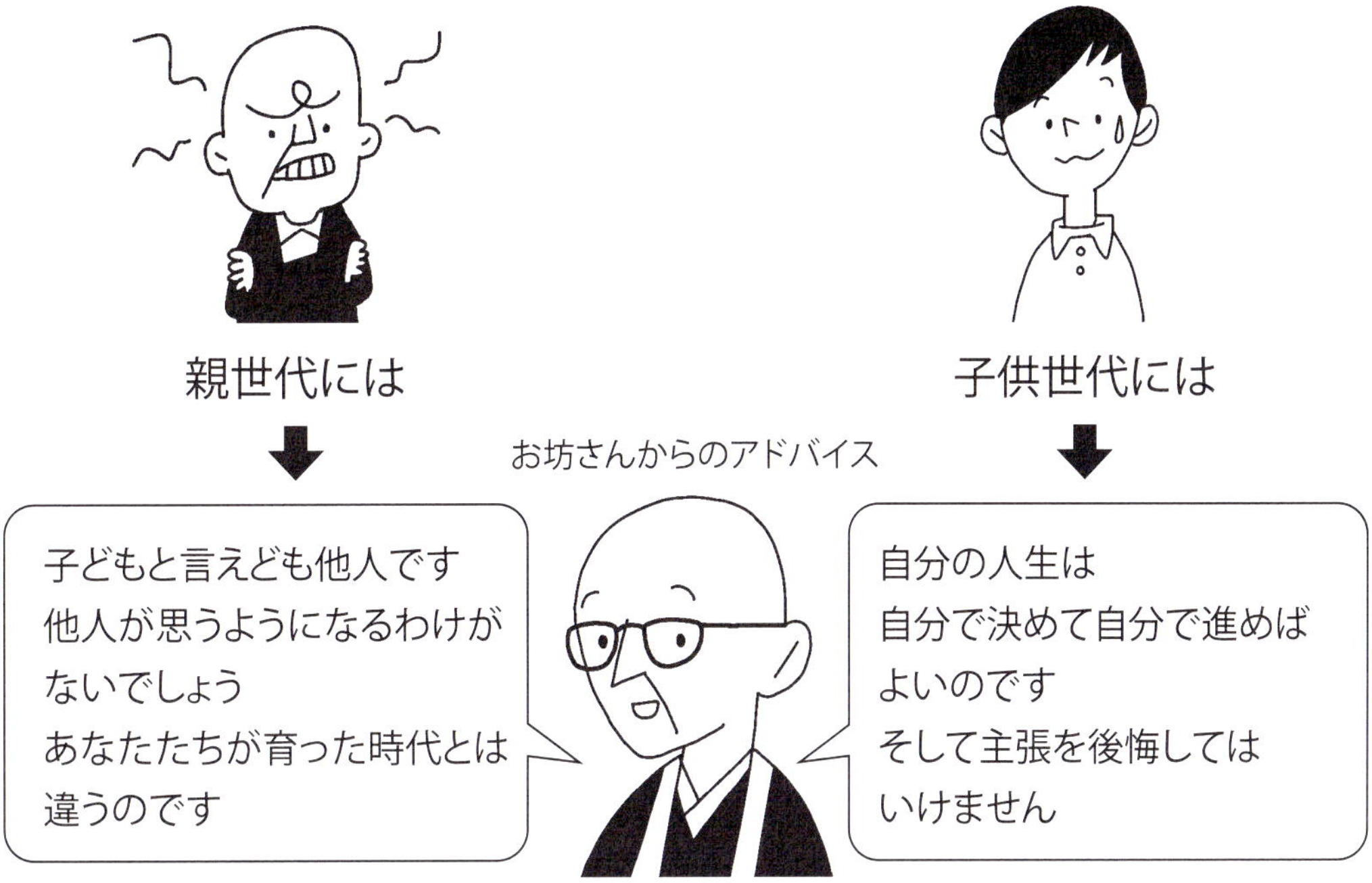
親世代には
子供世代には
お坊さんからのアドバイス
子どもと言えども他人です
他人が思うようになるわけが
ないでしょう
あなたたちが育った時代とは
違うのです
自分の人生は
自分で決めて自分で進めば
よいのです
そして主張を後悔しては
いけません

自分の人生は自分のもの
自分で決めて進めばよい
他人が決めるものではない

親には、私はいつもこのように説きます。

「**子どもと言えども他人です。**自分のことですら思うようにならないのに、他人である娘や息子が思うようになるわけがないでしょう。あなたたちが育った時代とは違うのです。それを認識してください」と。

自分の人生の決定権を主張しよう

お釈迦様は、「**自分の人生は自分のものである。自分で決めて進めばよい。他人にとやかく言われて決めるべきものではない**」と説いています。

また、「子どもは親のものではない。子どもの人生を親がうるさく指図し、親の思うようにしようとするのは間違っている」とも説いています。

ですから、うるさい親や親族に困っている方は、「自分の人生はこのように生きるのだ、親に決められることではない」と主張してください。ただしその主張を後悔してはいけません。

それでも愚痴がやまない場合は、菩薩が人を救うときと同じ哀れみの目で、「ああ、愚かな」と哀れんであげましょう。

イライラしたときに思い浮かべるといい
仏教の言葉

【縁】

この世の中は縁で成り立っている、と仏教では説きます。

縁とは、みなさんよくご存知のように、あの「縁がある、縁がない」の縁です。長く付き合っている友人は縁が深いでしょうし、嫌な上司と出会ったのも縁があるからです。

欲しい欲しいと思っていても、なかなか手に入らないものがあったならば、それは縁がないのです。

お釈迦様ですら、「縁なき衆生は救いがたい」と嘆いています。縁がないならば、お釈迦様ですらどうすることもできないのですから、こだわったり悪あがきしたりするのはやめて、うまくいかないのは「縁がないのだ」と納得した方が、気が楽になるのですよ。

5章

自分自身にイライラしたときの対処法

世の中には、自分の中の何かが原因で自分にイライラしてしまうという人もいます。

これは放っておくと、ウツになったり、引きこもったりする危険性があるので、早めの対処が必要です。原因を探りながら、対処法を考えていきましょう。

5章　自分自身にイライラしたときの対処法

言いたいことが言えない自分

嫌われたくないからといって
周囲の人に調子を合わせ
嫌なことを受け入れるのは
やめましょう

言えないのは嫌われたくないから

言いたいことを言えない自分に嫌気がさしてしまうという方がいます。

自分にとって嫌な相手や苦手な相手が周囲にいても、言いたいことが言えずに従ってしまう。このような気弱な状態になるのはなぜでしょうか?

最も大きな理由は、**「嫌われたくない」**からでしょう。言いたいことが言えないという悩みを抱えてお寺にやってきた人たちは、みなさん「嫌われたくない」「いい人だと思われたい」と口にします。

そうした恐怖や願望は、おそらくは学校生活の中で生まれたものなのでしょう。そう、学校内での**イジメに対する恐怖**です。

自分自身がイジメにあったという方だけでなく、周囲にイジメがあったという経験がある方も、「仲間外れ」を怖れるようです。

他に、子ども時代に厳格な家庭に育った方も、言いたいことがなかなか言えないという人になりやすいようです。怒られる、怖い、結局自分の意見など通らないと考えて、ならば黙っていようという結論に至ってしまうのです。

では、このような人はいったいどうすればいいのでしょうか?

原因は、「言いたいことも言えない情けない自分が嫌」というところにあります。ならば、その解決策は、二つに絞られます。一つは、**「嫌われてもいい」**と開き直ること。もう一つは、**「あきらめること」**です。

どんな人間であっても、言いたいこと

言いたいことを
言えない
嫌われたくない
愚か者を連れとせず、独りで行くほうがいい
「嫌われてもいい」とあきらめてしまおう
嫌なら嫌と
言っていい
常に誰かと
一緒にいなくてもいい

をすべて言っているわけではありません。そんなことを言いだしたら、わがままで勝手な人間になってしまいます。

どんな人でもある程度は我慢したり、辛抱したり、妥協したりしているのです。

無理に人に合わせるより独りのほうがいい

お釈迦様は、よく「独りでいるほうがいい」と説きます。

たとえば法句経には、「**愚か者を連れとせず、独りで行くほうがいい**。諸々の悪をなさず、林の中の象のように少欲で、独り行くがよい」とあります。

周囲の人から嫌われたくない、仲間外れにされたくないからといって、その人たちに調子を合わせ、嫌なことを受け入れるのは愚かしいことだと思います。

嫌ならば嫌と言えばいいし、その周囲の人たちと趣味や性格が合わないのなら、断ればいいのです。

そして、そのために仲間外れになって嫌われてもいいのです。自分と合わない人たちに無理に合わせて苦しむよりも、孤独でいたほうが賢明なのです。

5章　自分自身にイライラしたときの対処法

夢がかなわず疲れ果てたとき

夢に向かって努力することで
自分にできることがわかり
人生を肯定できるようになるのです

目標はひとつだけではない

夢をなくしてこの先どうしていいかわからなくなってしまうということもあります。人は目標を失うと、これから何をすればいいのかわからなくなってしまうものです。

では、どうすれば目標がなくなったことに悩まなくなるのでしょうか?

答えは簡単です。**次の目標や夢を持てばいいのです**。

最も叶えたい夢や目標は、必ずしも叶うものではありません。

路上ライブでメジャーデビューを狙う若者はたくさんいますし、プロスポーツ選手を目指して必死に練習してきた人たちも数多くいますが、プロになれるのはほんの僅かで、その他大勢は他の職業に就いていくのです。

実は、私も僧侶が第一希望の職業ではありませんでした。僧侶は、本音を言えば最も嫌いな職業だったのです。

宗教など胡散臭いもので、心の弱い人間が頼るものだ、宗教なんて不要だ、とも思っていました。

それが今ではお坊さんですから、世の中わからないものです。

懸命に努力したことは残る

夢や目標を持つことはとても大事なことです。

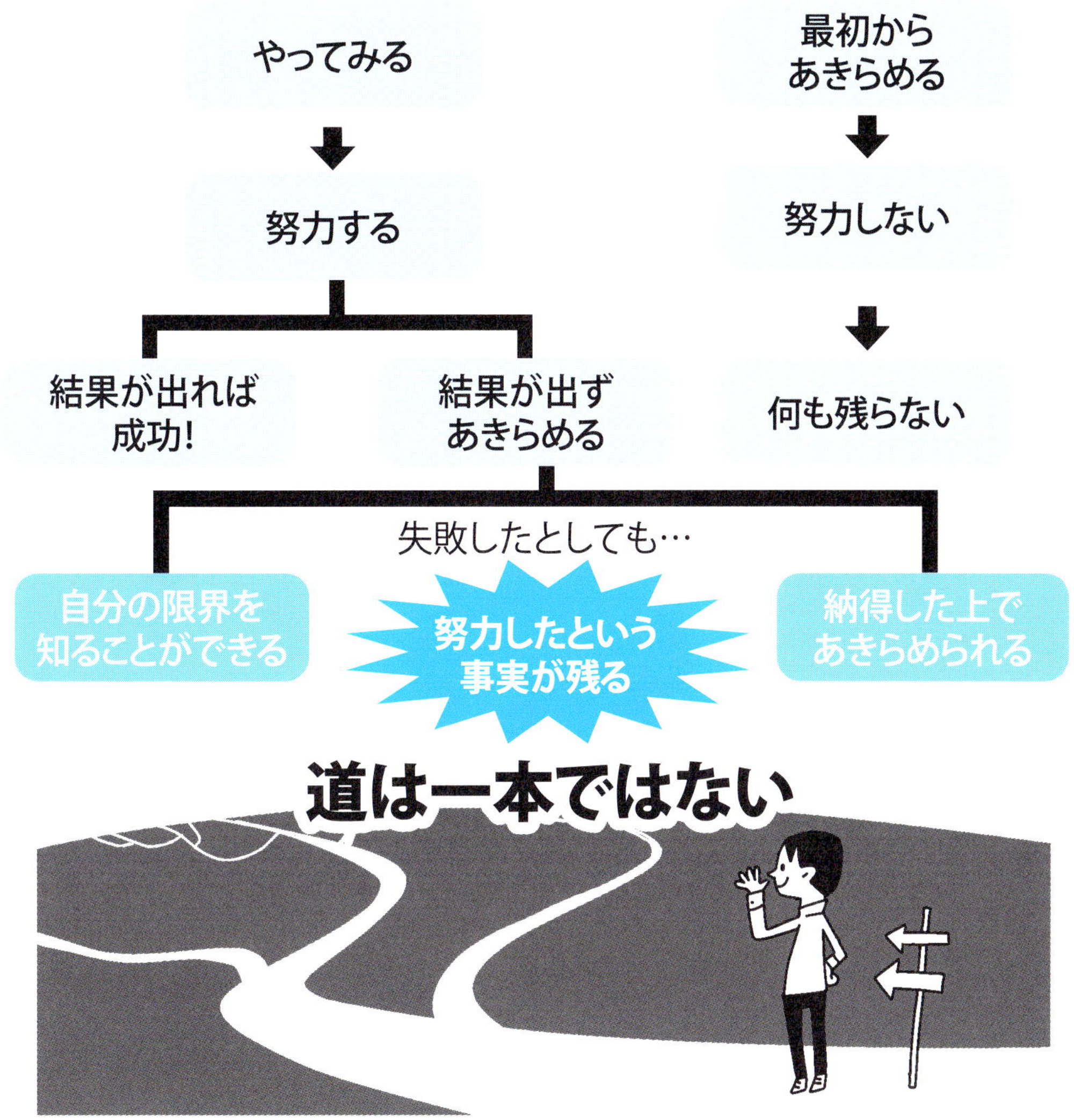
やってみる
努力する
結果が出れば成功!
結果が出ずあきらめる
最初からあきらめる
努力しない
何も残らない
失敗したとしても…
自分の限界を知ることができる
努力したという事実が残る
納得した上であきらめられる
道は一本ではない

最近の若い人たちは、はじめからどうせ夢なんてかなわないとあきらめて、夢を持たないとよく言われています。また、限界がはじめから見えているため、夢や目標が持てない社会だとも言われています。

しかし、そうはいってもやはり夢や目標を持つことは大切です。自分を磨いたり、向上心を持ったりできますし、夢や目標に向かって努力することも覚えます。

「いくら努力しても成果が出なければ意味がない」とも言われますが、努力とはそういうものではありません。結果が伴わなくても、**努力をした、という事実は残るのです**。本当は、**努力すること自体が大事なことなのです**。

懸命に努力した結果、夢が破れてしまった、目標を失ってしまった、そのときは、**「懸命にやってきたではないか。これが自分の限界なのだ。この夢や目標はあきらめよう」**と納得してください。

そして、次の夢や目標を作り、その第二の夢や目標に向かって再び歩きはじめるのです。

生きる道は一つではなくたくさんあるのですから、これがダメならこっちの道があるじゃないか、と視野を広く持って、次を探していけばいいのです。

5章　自分自身にイライラしたときの対処法

恋愛がうまくいかなくて疲れてしまう

待っているだけでは
恋愛も結婚もできません
まずは素直な自分を見せて
縁を結びましょう

恋愛はしたいけど相手がいない？

最近は、結婚をせず恋愛にも消極的な男女が増加する傾向にあります。しかし、そうした人たちは全く恋愛をしたくないのかというと、そうでもないようです。

恋愛はしたいというのが本音のようですが、恋愛対象や理想の相手が見つからないため、消極的になってしまうようです。

そして、理想を追い求めるうちに自分にはいい相手はいないのではないか、結婚はできないのではないか、という不安にとらわれてしまうという場合もあります。気がつくとアラサーやアラフォーとなってしまっている、というパターンですね。

自分を振り返ってみる

人と人の結びつきは、「縁」で決まります。すべては縁があるかないか、なのです。

結婚に関して縁のない方はほとんどいないでしょう。それでも独身の男性や女性が多いのは、縁を積極的に求めていないからであり、また折角縁ができてもそれを生かそうとしないからでしょう。

恋愛がうまくいかない、結婚できないのではないか、という方は、一度**「自分は縁を積極的に求めていたのだろうか、縁を逃がしてしまったのではないか」と振り返ってみて欲しいです。**

縁を結ぼうとしなければ、いくらいいな

縁は積極的に結ぶもの

つなげて育てていくもの

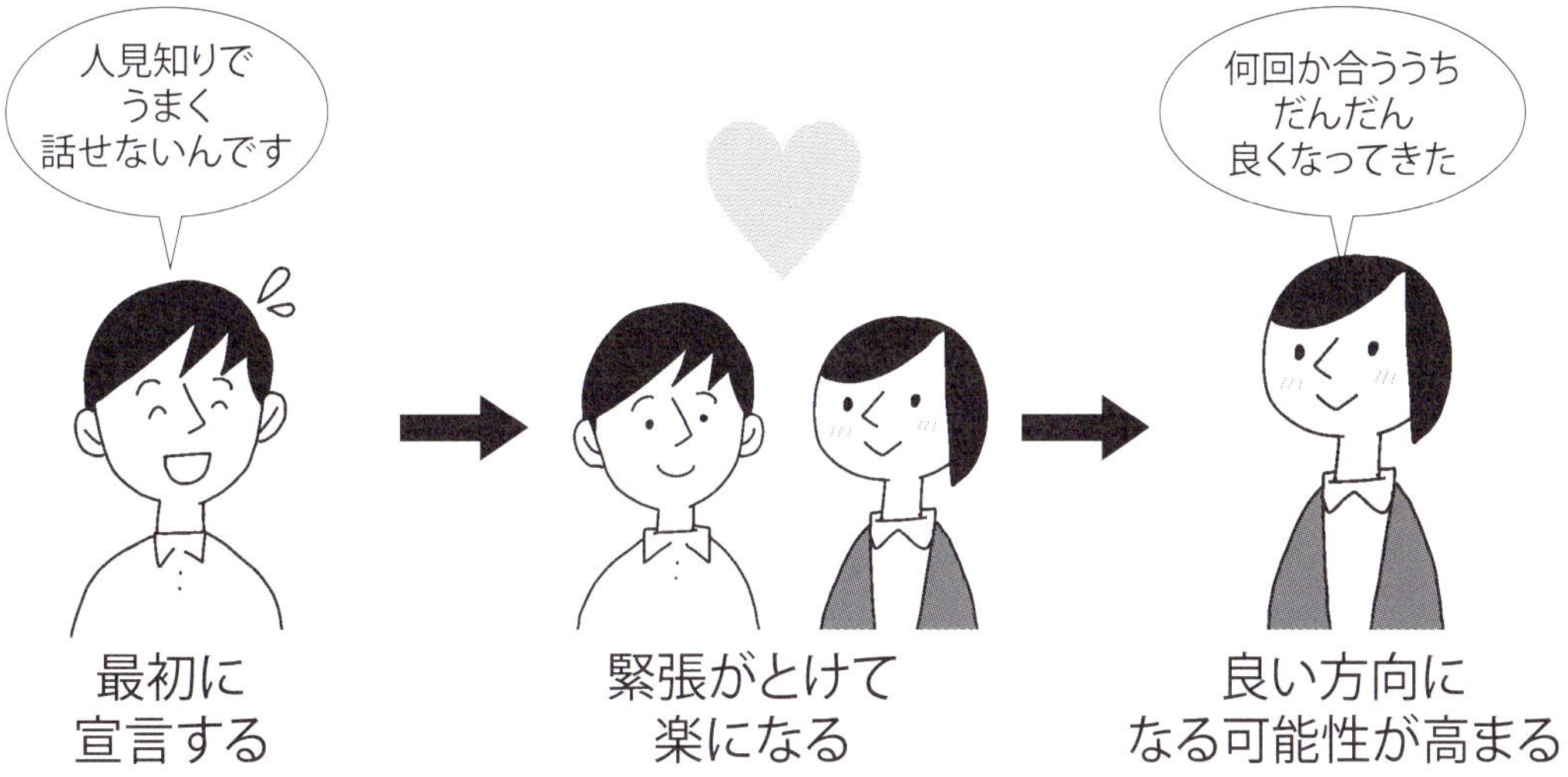
人見知りで
うまく
話せないんです
何回か合ううち
だんだん
良くなってきた
最初に
宣言する
緊張がとけて
楽になる
良い方向に
なる可能性が高まる

と思ってもそのまま流れてしまうことが多いでしょう。とりあえず、話しかけてみてきっかけをつくることですね。

縁を積極的に育てていく

では、この最初のきっかけをつくるのが苦手、という方はどうすればいいのでしょうか？

そういう方は、人見知りの性格でどうも緊張してしまい、異性とうまく話すことができないのかもしれません。

そういう場合は**はじめに、「私は人見知りのところがあり、うまく話せないんです」と宣言してしまいましょう。**

見栄を張って何か話さなければと焦っても、会話はうまく進まないでしょう。はじめから話すのは苦手ですと言ってしまえば、あとが気楽になります。

会話ができれば縁を結んだことになりますから、あとはその縁をどう生かすか、ですね。

縁は育てていかねばなりません。相手のことを気に入ったとしても、その縁を大切にしなければ先へは進まないのです。

5章　自分自身にイライラしたときの対処法

劣等感から解放されるためにすべきこと

他人と比較することなく
自分の道を進めばいいのです
自分の欠点を受け入れることで
自分を肯定できるのです

他人と比較しても仕方がない

劣等感にさいなまれて落ち込んでしまう人もいます。運動ができない、勉強ができない、何をやっても鈍い、行動が遅いなど、人にはいろいろな劣等感が一つや二つはあるものです。

ましてや、「できる人」と出会ってしまうと、その人が眩しくもあり、羨ましくもあり、妬ましくもなるものです。

そして、相手と比較してできない自分がもどかしく、みじめになってしまうのですね。

私にもコンプレックスがありました。

中学校・高校時代は、身長が低いことが悩みの種で、それに加えて運動も得意な方ではありませんでした。勉強は、高校まではまあまあでしたが、大学に行ってからは落ちこぼれました。

異性に関しても、女性との交流も多くはありませんでしたし、何回フラれたのかもわかりません。

坊さんになってからも、自分と同じ年代の坊さんが活躍しているのを見ると自分が惨めに思えたこともありましたし、嫉妬の炎を燃やしたこともありました。

この話を聞くと、みなさん「お坊さんでもコンプレックスはあったんですね」と驚きます。

今では「悩みなんてありません」などと澄ました顔をしていますが、若いときはそうでもないのです。

誰しも、若いころは他人と比較して落ち込んでしまうのです。

イライラは他人と比較するから

比較しても仕方がない

欠点を認めて素直に話を聞く

自分の人生は自分のものであり、他の誰のものでもない

欠点を受け入れ前に進もう

「いつから比較しなくなったのですか？」という質問を受けることがありますが、それは「比較しても仕方がない」とあきらめたときからです。

仏教では、他人と比較することについて、このように説いています。

「他人と比較してはならぬ。自分の人生は自分のものであり、他の誰のものでもない。しかるに、他人と比較しても意味がないのだ。人それぞれ皆、能力も違えば望むものも異なる。皆それぞれの道があるのだ。他人と比較することなく、自分は自分の道を進めばいい」

他人と比較しても何もいいことはありません。自分は自分です。**大事なことは、素直に周囲の言葉を聞き入れること、自分の欠点を拒否せず、素直に認めることなのです。**

そのうえで、他人のできることを見て、自分もああなれるように頑張ろうと思うことです。あの人に追いつこう、あの人を追い越そうと努力すれば、それは自分自身の力になっていくでしょう。

【著者】
鳥沢廣栄（とりざわ・こうえい）

1961年生まれ、岐阜県出身。

理系の大学へ入学するも、4年生のはじめに退学。

その後、高野山大学密教学科へ編入。

卒業後、岐阜に戻り、法恩院の住職となる。

檀家のない寺で、主に相談事、悩み事などを聞く毎日を過ごしている。

著書に『お坊さんが教える「イライラ」がスーッと消える方法』『お坊さんが教える わずらわしい人間関係が楽になる方法』（彩図社）などがある。

【図解】お坊さんが教える イライラがスーッと消える方法

2017年11月22日第一刷
2020年10月28日第四刷

著　者　鳥沢廣栄
イラスト　イクタケマコト
発行人　山田有司
発行所　株式会社　彩図社
東京都豊島区南大塚3-24-4
MTビル　〒170-0005
TEL：03-5985-8213　FAX：03-5985-8224
印刷所　シナノ印刷株式会社
URL：http://www.saiz.co.jp
https://twitter.com/saiz_sha

ISBN978-4-8013-0262-4 C0095

※本書は、小社刊『お坊さんが教える 「イライラ」がスーッと消える方法』『お坊さんが教える　わずらわしい人間関係が楽になる方法』をもとに再編集・図式化したものです。